Moni Reinsch

Menü mit erotischen Zutaten

Moni Reinsch

Menü mit erotischen Zutaten

Schmackhaftes,

Literarisches

und Wissenswertes

aus der Liebesküche

REINSCHRIFT Edition

Originalausgabe
©2018 **REINSCH***RIFT* Edition, Trier
www.reinschrift.eu
E-Mail: moni@reinschrift.eu
Umschlaggestaltung: Stefanie Radtke, zoradesign
Umschlagfotos:© Africa Studio und ink drop bei
www.shutterstock.com
Fotos: Moni und Marcus Reinsch, Anne Hackert
Herstellung und Verlag:
BoD – Books on Demand, Norderstedt
ISBN 978-3-75287697-0

Inhalt

Wie ist das Buch aufgebaut

Schmackhaftes

Sie finden zwölf Rezepte mit Zutaten, die Ihnen einen lustvollen Abend bereiten sollten. Dabei ist es weder nötig noch sinnvoll, möglichst Vieles davon zugleich auszuprobieren. Verteilen Sie sich die Gerichte auf mehrere zweisame Abende.

Alle Rezepte sind für 2 Personen berechnet.

Literarisches

Zu den Rezepten gibt es ein passendes Gedicht, einen Kurzkrimi oder eine Kurzgeschichte, die man sich gut gegenseitig vorlesen kann.

Wissenswertes

Zu allen erotisierenden Zutaten werden die Hintergründe beleuchtet, welche Wirkstoffe im Körper welche Reaktionen auslösen und warum sie nicht bei jedem luststeigernd sind. Viele Lebensmittel enthalten natürlich mehrere wirksame Inhaltsstoffe, wir haben sie in der wichtigsten Gruppe einsortiert.

Was erwartet Sie

Ein Menü mit erotischen Zutaten? Warum sollte ich das essen wollen? Aus purer Lust!

Es gibt viele Lebensmittel, die eine sexuell stimulierende Wirkung haben, aber die erotischsten Zutaten nutzen nichts, wenn sie mal eben im Stehen verschlungen werden. Dieses Buch gibt Anregungen für ein sinnliches Menü, das Sie vielleicht gemeinsam mit Ihrem Partner oder Ihrer Partnerin kochen sollten, oder Sie überraschen sie oder ihn mit einem festlichen Menü, ein bisschen Kerzenschein und der passenden Musik, einem perlenden Champagner oder einem guten Rotwein.

Ein gemeinsamer Einkauf kann bereits der Beginn eines verführerischen Abends sein. Befühlen Sie bei der Auswahl die Zutaten, riechen Sie daran, be-grei-fen Sie, was anmacht, bevor man es beispielsweise als Salat anmacht. Manche Lebensmittel sprechen schon aufgrund ihres Aussehens Ihre Fantasie an.

Dieses Buch erhebt keinen Anspruch auf Vollständigkeit und ist auch kein wissenschaftliches Werk, es soll vor allem Lust auf gemeinsames Kochen und Essen machen. Widersprüchliche Rechercheergebnisse, ob Wirkstoffe eher auf Frauen oder auf Männer wirken und ob sie chemisch oder medizinisch nachweisbar sind oder nicht, testen Sie am besten im Selbstversuch.

Sie finden hier keine Anleitung für guten Sex, aber auf jeden Fall Anregungen für eine sinnliche gemeinsame Zeit. Garantien übernehmen wir keine.

Das Menü

Stellen Sie sich Ihr Menü nach Belieben zusammen. Anbei zwei Vorschläge, was gut zusammen passt:

Aperitif
> Erdbeer-Martini

Vorspeise
> Avocado-Terrine mit Garnelen-Salsa

Suppe
> Sellerie-Apfel-Suppe mit Ingwer

Hauptgang
> Dry aged Rib-Eye-Steak mit Pfefferkruste und Süßkartoffel-Stäbchen in Bierteig

Dessert
> Rotweinbirnen mit Zimtcreme an weißem Schokoladen-Himbeer-Traum

Aperitif

Wildbeer-Cocktail

Salat

Rettich-Radieschen-Salat mit Zitronenmelisse

Suppe

Garnelensuppe mit Estragon-Sahne

Hauptgang

Karamellisierte Zwiebeln mit Kalbsleber und
Kartoffel-Sellerie-Püree

Dessert

Schokoladen-Espresso-Panna-Cotta mit
Schokoladen-Amaretto-Soße

Alternativen:

Rote Bete Carpaccio mit Granatapfel und Ingwer

Gratinierte Austern mit Blattspinat und Sauce
Hollandaise

Was sind Aphrodisiaka?

Ein schwieriges Wort für ein gesundes Liebesleben. Der Penis und Samen des entmannten Gottes Uranos sollen in eine Muschel gefallen sein, aus dem daraus aufsteigenden Schaum ist Aphrodite entsprungen. Sie gilt als die Göttin der Lust, der Liebe und der Schönheit. In der römischen Mythologie entspricht ihr die Göttin Venus, was den Namen der Venusmuschel erklärt.

Aphrodite ist die Göttin der Fruchtbarkeit und der Blumen, sie wird häufig mit Anemonen, aber auch Äpfeln, Granatäpfeln und Spargel dargestellt.

Pflanzen und ihre Früchte, denen eine erotisierende Wirkung nachgesagt werden, haben daher den Namen Aphrodisiaka bekommen. Sie wirken durch unterschiedliche Inhaltsstoffe, ihren Geruch, ihren Geschmack oder manchmal auch schon durch ihr Assoziationen weckendes Aussehen auf das Gehirn, den Kreislauf oder die Durchblutung und fördern somit die sexuelle Lust oder Ausdauer.

Im Folgenden werden die Zutaten, die wir für ein echtes Liebesmenü nutzen können, nach unterschiedlichen Wirkstoffen aufgegliedert. Es empfiehlt sich, für ein ausgewogenes Menü Rezepte mit Zutaten verschiedener Wirkstoffe zusammenzustellen, statt mehrfach die gleiche Zutatengruppe zu wählen und somit die gleiche Wirkungsweise zu erzielen.

Aperitif:

Erdbeer-Martini

Zutaten:

8 cl Wodka

2 cl Erdbeersirup (z.B. von Monin)

1 Spritzer Limettensaft

1 Tasse Crushed Ice

nach Belieben Mineralwasser zum Aufgießen

2 Erdbeeren

Zubereitung:

Wodka, Erdbeersirup, Limettensaft und Crushed Ice in einem Cocktail Shaker kräftig schütteln. Jeweils etwas Eis aus dem Shaker in die Gläser geben, Wodka-Sirup-Mix dazugießen. Nach Belieben mit Mineralwasser aufgießen und mit Erdbeeren garniert servieren.

Tipp: Wer keinen Cocktail Shaker hat, verwendet ein gut schließendes Schraubglas mit Deckel zum Shaken.

Wildbeer-Cocktail

Zutaten:

4 cl Toschi Fragoli Walderdbeerlikör

4 cl Toschi Mirtilli Heidelbeerlikör

2 cl Sahne

2 Erdbeeren

Sekt

Zubereitung:

Zutaten mit Eis shaken, mit Sekt auffüllen.

Je eine Erdbeere an den Glasrand stecken.

Wer war Aphrodite?

Aphrodite war? – Genau!
Eine äußerst hübsche Frau.
Uranos war wohl ihr Vater,
doch ihr Bruder, he, was tat der?
Schnitt mit einem Sichelhieb
ab, womit's der Vater trieb.
Er warf den Schniedel hinter sich
ins Meer, der alte Wüterich.
Es mischten sich dort Blut und Samen,
die Wellen gar ans Schäumen kamen
und aus dem Schaum in ihre Mitte
trat die schöne Aphrodite.

Ob Kronos sich das wohl so dachte?
Die Schwester sich ins Fäustchen lachte,
denn kaum war sie aus Schaum geboren,
verliebt sich über beide Ohren
Zeus - nahm sie als Tochter an.
Was wurd' wohl aus dem Fitzel Mann,
der vormals in den Wellen trieb
als einst'ger Quell der reinen Lieb?

Der lag in einer Muschel nun
und ließ sich von der Wellen Tun
mal sanft und manchmal eher fest -
ich schweige jetzt, denkt euch den Rest.

Alkohol

Zu einem erotischen Abend mag das eine oder andere Glas Champagner oder Wein dazuzugehören. Alkohol enthemmt und löst Ängste, was in kleinen Mengen förderlich sein kann.

Ein, zwei Gläser Rotwein heizen die Stimmung an und fördern die Stickoxid-Produktion im Blut. Es kommt zu erhöhter Produktion des Sexualhormons Testosteron sowohl bei Männern als auch bei Frauen. Vor allem bei Frauen führt dies zu einem verstärkten Lustempfinden.

Alkohol weitet die Gefäße und reduziert die Muskelspannung. Dadurch wird bei zu viel Alkohol das Blut im Penis nicht mehr gestaut, was eine Erektion verhindert. Wer regelmäßig größere Alkoholmengen trinkt, büßt durch zusätzliche Nervenschädigungen vielfach seine Erektionsfähigkeit dauerhaft ein.

Außerdem ist Alkohol in größeren Mengen bedenklich und kontraproduktiv, weil er vielleicht in einem unerwünschten Maß enthemmt oder einfach nur müde macht.

Beginnen Sie den Abend ruhig mit einem Glas Champagner. Die feine Kohlensäure sensibilisiert die Geschmacksnerven und garantiert nicht nur ein intensiv wahrgenommenes Essen.

1. Gang:

Avocado-Terrine mit Garnelen-Salsa

Zutaten:

Avocado-Terrine:

- 2 Blatt weiße Gelatine
- 1 kleine Knoblauchzehe
- 30 g Schalotten
- 1 EL Olivenöl
- 40 ml trockener Wermut (z.B. Noilly Prat)
- 1 Avocado (ca. 240 g)
- 2 EL Zitronensaft
- 3 Stiele Zitronenmelisse
- 90 g Frischkäse
- ¼ TL gemahlene Koriandersaat, Salz, Pfeffer

Garnelen-Salsa:

½ kleiner Granatapfel

4 Riesengarnelenschwänze (ohne Schale)

3 EL Olivenöl

½ weiße Zwiebel (ca. 30 g)

½ gelbe Paprikaschote

½ kleines Bund Koriandergrün

3 EL Limettensaft, Meersalz, Chiliflocken

30 g Frisée-Salat

Zubereitung:

Für die Avocado-Terrine Gelatine in kaltem Wasser einweichen. Knoblauch und Schalotten fein würfeln. Olivenöl erhitzen, Knoblauch und Schalotten darin glasig dünsten. Mit Wermut ablöschen und bei mittlerer Hitze auf ein Viertel einkochen lassen. Beiseite stellen.

Avocado längs halbieren, entkernen, das Fruchtfleisch mit einem Esslöffel herauslösen, in einen Mixer geben und mit Zitronensaft beträufeln. Zitronenmelisseblätter abzupfen, grob schneiden und zugeben. Frischkäse und Wermut-Schalotten zugeben. Alles fein pürieren und mit Koriander, Salz und Pfeffer würzen.

Tropfnasse Gelatine in einem kleinen Topf erwärmen, bis sie aufgelöst ist. Gelatine unter die Avocado-Frischkäse-Masse rühren. In 2 kleine Förmchen (á 150 ml Inhalt) füllen. Mit Klarsichtfolie abdecken und mindestens 5 Stunden (am besten über Nacht) kalt stellen.

Für die Garnelen-Salsa den Granatapfel quer halbieren und entkernen: den Granatapfel mit der Schnittfläche nach unten über eine Schüssel halten, mit einem Holzlöffel rundum auf die Schale schlagen, sodass sich die Kerne lösen. Granatapfelkerne auffangen, abdecken und kalt stellen. Garnelen längs halbieren und den Darm (schwarzer Faden) entfernen und in ca. 1 cm große Stücke schneiden. 1 EL Olivenöl in einer Pfanne erhitzen und die Garnelen darin bei starker Hitze 1 Min. braten, sofort auf einen Teller geben und abkühlen lassen. Zwiebel in feine Würfel schneiden. Paprika putzen, längs halbieren und in feine Würfel schneiden. Korianderblätter von den Stielen zupfen und grob schneiden. Mit Zwiebeln und Paprika, Limettensaft, restlichem Olivenöl und Granatapfelkernen zu den Garnelen geben und vorsichtig mischen. Mit Meersalz und Chili würzen. Kalt stellen.

Frisée putzen, waschen und trocken schleudern. Avocado-Frischkäse-Terrine aus den Förmchen lösen und mit dem Frisée und der Garnelen-Salsa auf Tellern anrichten.

Nachts am Kühlschrank

Kennen Sie das? Sie erwachen aus süßen Träumen, na ja, so richtig wach sind Sie vielleicht auch nicht, und denken sich, Sie können nur wieder einschlafen, wenn Sie jetzt sofort etwas essen. Sie tappen also auf nackten Sohlen, damit man es auf der anderen Bettseite nicht hört, in die Küche. Der Kühlschrank möchte sich gar nicht öffnen lassen, vielleicht ziehen Sie aber auch bloß nicht fest genug. Sie ziehen also etwas kräftiger und schon klirren die Flaschen in der Tür, und Sie fragen sich, warum Sie sich bislang bemüht haben, so leise zu sein. Blöder Verräter, dieser Kühlschrank. Dieses klitzekleine Lämpchen oben rechts blendet Sie vorwurfsvoll in den Augen, und Sie verstehen, dass da so ein Gitter drumherum ist, damit Sie es jetzt nicht kaputtschlagen. Laut, hell, was kommt jetzt noch?

Sie sehen, wie sich die Gemüseschublade öffnet und das Steak vorsichtig nach oben auf die Glasplatte kriecht. Es sieht ein wenig grauer aus als noch tagsüber. Warum treibt es sich auch bei dem jungen Gemüse herum, wo es für das Fleisch viel zu warm ist? Es hängen ein paar grüne Blättchen vom Koriander und Rosmarinnadeln an den Fasern des Steaks, als hätte es sich in den Kräutern gewälzt.

Eine stattliche Spargelstange steht aufrecht in der Schublade, ihr Kopf sieht sehnsuchtsvoll oben heraus - und Sie sind sich sicher, dass der Kopf gestern nicht rot war.

Ein Rettich diskutiert mit einem Radieschen, ob sie verwandt sind oder nicht. Falls nicht, würde sich der Rettich dem Radieschen gerne nähern, worauf das Radieschen noch heftiger errötet.

Das wird sofort von einer lilaglänzenden Aubergine kommentiert, die sich damit brüstet, dass ihre leuchtende Schale die Menschen so richtig heiß macht. Einige Heidelbeeren, die in einem durchsichtigen Schälchen wild übereinander liegen, pflichten ihr unbescheiden bei, bei ihnen sei es das Gleiche.

Ein unscheinbarer, hoch aufgeschossener Staudensellerie schmiegt sich an einen knubbeligen Knollensellerie mit zahlreichen, schmutzigen Öffnungen und meint, sie würden gut zueinander passen.

Eine grüne Paprika wird ganz rot, während eine französische Avocado sagt: »Isch bin gans eingedrückt!«

Eine Artischocke zieht sich ruckartig zusammen, und Sie ahnen, dass sie ein Stück Butter zwischen ihren Blättern hat.

Laute Klappergeräusche wie von Kastagnetten ziehen Ihre Aufmerksamkeit auf sich. Sie öffnen eine andere Schublade und sehen, wie eine Garnele gerade ihren Kopf aus einer Auster zieht. Die anderen Austern haben es sich auf einem Lachsfilet bequem gemacht und klappern Beifall.

Auf Augenhöhe liegt eine leere Bananenschale (Sie denken sich, die können eigentlich nur die Garnelen ausgezogen haben). Die Banane ist bis zur Mitte in eine halbe Wassermelone eingetaucht und lutscht an deren Kernen.

Sie überlegen, ob Sie das, was in Ihrem Kühlschrank abgeht, während Ihre Frau wie ein Eisberg nebenan im Bett liegt, mit Alkohol oder mit Milch, die angeblich müde machen soll, hinunterspülen wollen, aber der Eierlikör ist gerade mit der Milch beschäftigt.

»Was willst du eigentlich hier?«, fragt jetzt auch noch ein halber Granatapfel und wackelt mit seinem Innenleben, während sich eine Feige hinter ihm zu verstecken sucht.

Sie fragen sich auch, was Sie in dem Kühlschrank zu finden hoffen, was Ihre Frau nicht zu bieten hätte. Sie puhlen also ein paar Granatapfelkerne heraus, die Sie gierig verschlingen, entscheiden sich für ein Glas frisch gepressten Grapefruitsaft und schlucken dazu ein paar Nüsse, die noch vom Fernsehabend auf der Anrichte stehen.

Dann nehmen Sie das Gläschen Kaviar, das Sie zum Geburtstag geschenkt bekommen haben sowie eine Schale mit saftig roten Erdbeeren und greifen noch das Honigglas neben dem Kühlschrank.

Damit gehen Sie ins Schlafzimmer zurück, kneten Ihrer Frau die immer kalten Füße und erzählen ihr, Ihnen sei da gerade eine Idee gekommen.

Rettich-Radieschen-Salat
mit Zitronenmelisse

Zutaten:

40 g Sonnenblumenkerne

½ EL Honig

10 g Butter

etwas Öl für das Blech

Für den Salat:

250 g Rettich

½ Bund Radieschen

Meersalz, Zucker

300 g Wassermelone (mit möglichst wenig Kernen)

40 g Rucola

½ Bund Zitronenmelisse

2 EL Zitronensaft

2 EL Traubenkernöl (ersatzweise Distelöl oder ein

anderes Salatöl)

Zubereitung:

Sonnenblumenkerne in einer Pfanne ohne Fett hellbraun rösten, mit Honig beträufeln und karamellisieren. Dann die Butter unterschwenken. Sonnenblumen-Karamell auf ein leicht geöltes Blech geben. Abkühlen lassen, grob zerbrechen.

Für den Salat den Rettich schälen, die Radieschen putzen. Beides in dünne Scheiben schneiden oder hobeln. Mit je ½ TL Salz sowie Zucker bestreuen und etwa 15 Minuten ziehen lassen. Dann abtropfen lassen bzw. trocken tupfen.

Inzwischen Wassermelone von der Schale befreien, das Fruchtfleisch etwa 1 cm groß würfeln. Rucola putzen, waschen, trocken schütteln und mundgerecht zerkleinern. Melisseblättchen von den Stielen zupfen. Rettich, Radieschen, Melone, Rucola sowie Melisse vermengen und mit Zitronensaft, Salz und Traubenkernöl abschmecken.

Gemischten Salat mit den karamellisierten Sonnenblumenkernen bestreuen und sofort servieren.

Keine Zeit zu verlieren

Er hatte ihr bislang noch nie so tief in die Augen gesehen. Es waren goldene Sprenkel in ihrer braunen Iris. Oder war es nur der Widerschein der Kerzenflamme?

»Du hast Sternenstaub in deinen Augen«, sagte er und wischte mit der Rückseite seines Zeigefingers vorsichtig eine Strähne ihres braunen Haars aus ihrem Gesicht. Er drehte die Haare um seinen Zeigefinger und fragte sich, ob das ihre natürliche Haarfarbe war oder ob sich schon graue Haare dazwischen gemogelt hatten, die sie gefärbt hatte. Seine Hand wanderte weiter zu ihren Lippen, die leicht geöffnet waren. Sie leckte sich einen Tropfen Sauce aus dem Mundwinkel, ihre Zungenspitze verharrte länger dort als nötig.

»Die Pfefferkruste war hervorragend, aber mir wird richtig warm davon«, sagte sie und öffnete die obersten beiden Knöpfe ihrer weit ausgeschnittenen Bluse.

Er griff nach der Rotweinflasche und goss ihr nach, ohne sie dabei aus den Augen zu lassen. »Das Essen kann gar nicht so scharf sein wie du«, sagte er, und ihr Blick sagte ihm, dass er dabei dieses Grübchen am Kinn hatte, auf das die Frauen so standen.

»Ist dir nicht warm?«, fragte sie, griff über den Tisch und lockerte seinen Krawattenknoten. Er fasste ihre schmale Hand und half ihr, streifte die Krawatte über den Kopf und ließ sie achtlos zu Boden sinken.

Sie lehnte sich in ihrem Stuhl zurück und musterte ihn. Als er unter ihrem verführerischen Blick den obersten

Hemdknopf öffnete, kräuselten sich dunkelbraune Haare aus dem Spalt und über die Knopfleiste.

»Bist du sicher, dass du kein Bär bist?«, fragte sie und lachte. Er blickte auf seine stark behaarten Handrücken und fuhr sich durch die dunkle, lockige Mähne auf seinem Kopf, die er mit Gel nach hinten gekämmt hatte, weil ein Freund ihm einmal gesagt hatte, Gel verdecke die ersten grauen Haare sehr erfolgreich.

»Es gibt auch einige wenige Stellen, die nicht so stark behaart sind«, sagte er und öffnete einen weiteren Knopf.

Sie ließ ihren Schuh vom Fuß gleiten und streckte ihr Bein unter dem Tisch aus. Er ergriff ihren schmalen Fuß, schob seinen Stuhl zurück und beugte sich nach vorne, um jeden einzelnen Zeh küssen zu können. Die Nägel waren kurz pediküt und leuchteten rot. Seine Frau hatte ihm früher nach einem Kurs in Fußreflexzonenmassage häufig die Füße geknetet, und er erinnerte sich, wo die erogenen Zonen lagen, auf die er besonders ansprach. Sie gab einen wohligen Laut von sich und hielt sich die Serviette vor den Mund.

Dann griff sie eine der Süßkartoffel-Pommes frites in Bierteig und ließ das Kartoffelstäbchen ganz langsam zwischen ihren roten Lippen verschwinden. Sie leckte an dem Teig, der leicht bitter war, und zupfte mit den Zähnen kleine Stücke davon ab, die sie auf der Zunge zergehen ließ. Ihm war zuvor schon aufgefallen, wie genussvoll sie die Suppe auf der ganzen Zunge bewegt hatte, bevor sie sie heruntergeschluckt hatte. So als ob sie jede einzelne Zutat herausschmecken wollte. Sie schien einen sehr feinen Geschmack zu haben, einen verwöhnten Gaumen. Überhaupt war sie sehr sensibel, sehr feinfühlig. Jede Berührung ließ ihn erschauern, und er malte sich in Gedanken schon aus, wie ihre erste Nacht wohl werden würde.

»Ich habe jetzt unbändige Lust auf etwas Süßes«, sagte er und lächelte verschmitzt.

»Woran dachtest du da?«, fragte sie unschuldig zurück.

»Ich dachte da an die längste Praline der Welt. Die ist allerdings entgegen der Werbung etwa einen Meter dreiundsiebzig groß, knackig, braun, aber nicht zartbitter, schwimmt sogar in Milch ...«

Sie lachte. »Ich glaube, du wirfst da verschiedene Dinge durcheinander.«

»Ich habe jedenfalls ganz genau vor mir, worauf ich jetzt Lust habe. Zartschmelzend, süß, heiß ...« Er öffnete die Knöpfe an seinen Manschetten und zog sein Hemd aus der Hose. Er ließ es über die Rückenlehne seines Stuhls fallen und griff zu seiner Gürtelschnalle, als ein Schatten über seine nackte Brust fiel.

»Entschuldigen Sie bitte, die Gäste am Nachbartisch fühlen sich belästigt, darf ich Ihnen die Rechnung bringen?«, fragte der Kellner und bückte sich nach der Krawatte, auf die er versehentlich getreten war.

Rote-Bete-Carpaccio mit Granatapfel und Ingwer

Zutaten:

25 g Bitterschokolade

2 große Rote-Bete-Knollen

Salz

1/2 EL Kümmel-Samen

1/2 Granatapfel

30 g Haselnusskerne

1 Stück in Sirup eingelegter Ingwer (Ingwerpflaumen)

1/2 EL vom Ingwersirup

1,5 EL Balsamicoessig

1/2 TL süßer Senf

Pfeffer

3 EL Olivenöl

nach Belieben gehackte Kaffeebohnen

Zubereitung:

Schokolade hacken, in einer Schüssel über einem heißen Wasserbad langsam schmelzen. Die flüssige Schokolade auf einem flachen Untergrund (z.B. einer kalten Marmorplatte) dünn ausgießen und mit einem Spatel zu Röllchen formen. Röllchen fest werden lassen. Rote Bete waschen, in Salzwasser mit Kümmel darin in ca. 60 Minuten weich kochen. Abgießen und abkühlen lassen. Rote Bete schälen, in Scheiben schneiden (dazu am besten Küchenhandschuhe tragen). Wer mag, sticht aus den Rote-Bete-Scheiben Herzen aus.

Granatapfel halbieren, durch Klopfen Kerne aus der Schale lösen. Nüsse in einer beschichteten Pfanne rösten, bis sie zu duften beginnen. Abgekühlt in feine Scheiben schneiden. Für das Dressing eingelegten Ingwer hacken, Balsamico, Senf, gehackten Ingwer, Ingwersirup, Salz und Pfeffer gut verrühren. Dann das Öl dazugeben. Rote Bete und Granatapfelkerne auf Teller verteilen und mit Dressing beträufeln. Schoko-röllchen, Nussscheiben und evtl. ein paar gehackte Kaffeebohnen übers Carpaccio streuen.

Carpaccio mit Pfeffer übermahlen und servieren.

Vitamine

Würden Mütter ihren heranwachsenden Kindern sagen, sie sollten mehr Obst und Gemüse essen, damit sie besseren Sex haben, würde das vielleicht manche Diskussion ersparen.

Vitamine können nicht nur die Lust steigern, sondern auch erektiler Dysfunktion vorbeugen. Der früher gebrauchte Begriff Impotenz unterscheidet nicht zwischen der Erektionsfähigkeit und der Qualität der Spermien.

Vitamin A:
Leber, Kaviar, Thunfisch, Eier, Butter

Vitamin A sollte in einer gesunden Ernährung nicht fehlen. Denn letztlich macht schon alleine ein gesunder Körper ein Plus an Ausstrahlung und Attraktivität aus. Zwar ist Vitamin A nicht das hilfreichste Vitamin zur Förderung der Lust, ist aber für die Spermienreifung zuständig. Vitamin A ist nur in tierischen Produkten zu finden, in pflanzlichen Produkten findet sich nur die Vorstufe β-Carotin.

Vitamin B: Bananen, Honig, Eier

Vitamin B kommt in verschiedenen Formen und zusammen mit anderen wirksamen Substanzen vor. Einige beflügelnde Varianten sollen hier vorgestellt werden.

Bananen

Bananen sind reich an Vitamin B, Magnesium und Potassium und sorgen für eine verbesserte Produktion von Sexualhormonen und stimulieren die Prostata. Ihr Kaliumgehalt sorgt für bessere Durchblutung, indem die Arterienwände entspannt werden. Außerdem ist schon ihre Form – oder die Art, sie zu essen – geeignet für anregende Assoziationen.

Honig

Honig enthält neben Vitamin B_6 auch Bor, was für die Bildung von Östrogen und Testosteron benötigt wird. Calcium im Honig verbessert die Informationsübertragung zwischen den Nervenzellen. Mit Honig lässt sich aber auch hervorragend spielen und anschließend gemeinsam duschen, ein Honeymoon-Gefühl in jedem Stadium einer Partnerschaft.

Eier

Die Vitamine B_5 und B_6 bewahren vor einem verfrühten Samenerguss, dienen dem Hormonausgleich und haben zugleich eine stressreduzierende Wirkung.

Vitamin C: Beeren, Rettich, Orangen

Vitamin C bzw. Ascorbinsäure nimmt der Körper vor allem über pflanzliche Nahrungsmittel auf. In Versuchen wurde festgestellt, dass Personen, die viel Vitamin C zu sich nehmen, häufiger Sex haben als Personen, denen stattdessen ein Placebo verabreicht wurde. Allerdings benötigt man hierzu eine Menge von 3.000 mg, eine Orange enthält nur 70 mg. Vor allem Männer über 44 Jahren produzieren bei Vitamin C-Mangel weniger und minderwertigere Spermien, die außerdem verklumpen.

Beeren

Erdbeeren, Gojibeeren und Johannisbeeren liefern Vitamin C und helfen gegen Impotenz und Unfruchtbarkeit. Eine Frau sollte täglich 95 mg Vitamin C zu sich nehmen, ein Mann 110 mg, Schwangere und Raucher mehr. 100g Schwarze Johannisbeeren sind mit 200 mg Vitamin C echte Vitaminbomben. Außerdem enthalten einige Beerensorten viel Zink, was bei Erdbeeren nicht in der Frucht, sondern in den kleinen Kernen enthalten ist.

Rettich

Wer weniger auf süße Scharfmacher steht, kann auch einen Rettich nehmen, der durchblutungsfördernd wirkt.

Vitamin D: Fisch, Pilze – und Sonne!

Vitamin D nehmen wir nur in geringem Maß über die Nahrung zu uns, in wesentlich höherem Maß synthetisiert der Körper den Stoff mithilfe von Sonnenstrahlen selbst. Wir benötigen 20 µg Vitamin D täglich. Zwölf Minuten Sonnenlicht führen zur Bildung von 25 µg, dafür brauchen wir alternativ 100 g Hering oder 800 g Schmelzkäse. Früher wurde dieser Mangel mit Lebertran ausgeglichen.

Vitamin E: Avocado

Kaufen Sie zwei Avocado und spielen Sie mit ihrer Fantasie. Denn *Avocado* kommt von dem aztekischen Wort *ahuacatl* und bedeutet Hoden. Angeblich durften in früheren Zeiten Jungfrauen während der Avocado-Ernte das Haus nicht verlassen.

Avocados sind reich an Kalium und den Vitaminen C und E. Das sorgt für eine verbesserte Reizempfindung, sensibilisiert Sie für Berührungen und steigert die Libido.

Vitamin K_2: Bio-Milch

Milch macht müde Männer munter? Das ist nicht nur ein alter Werbespruch. Besonders Bio-Milch enthält das eher unbekannte Vitamin K_2, welches das Herzinfarkt-Risiko senkt und Erektionsstörungen verhindert.

2. Gang:

Sellerie-Apfel-Suppe mit Ingwer

Zutaten:

150 g Knollensellerie

1 süßsäuerlicher Apfel (z. B. Jonagold)

40 g Butter

50 ml Apfelwein (Cidre, Viez)

250 ml Gemüsebrühe

100 g Schlagsahne

1 Stange Staudensellerie

Salz, Cayennepfeffer, etwas Zitronensaft

1 EL Rapsöl

½ EL Zucker

Zubereitung:

Knollensellerie schälen und in Würfel schneiden. Apfel schälen, Kerngehäuse entfernen, ½ Apfel würfeln. In einem Topf 15 g Butter zerlassen, Sellerie- und Apfelwürfel darin andünsten. Mit Apfelwein ablöschen, Brühe und Sahne zugeben. Suppe bei mittlerer Hitze etwa 20 Min. köcheln lassen. Staudensellerie putzen, schälen, waschen, in mundgerechte Stücke schneiden. Übrigen Apfel in Spalten und in Stücke schneiden.

Suppe mit dem Pürierstab oder im Mixer pürieren und durch ein feines Sieb streichen, mit Salz, Cayennepfeffer und Zitronensaft abschmecken.

Öl in einer Pfanne erhitzen, Staudensellerie und Apfelstücke darin anbraten. Dabei mit Zucker bestreuen und karamellisieren lassen. Übrige Butter (25 g) zur Suppe geben, Suppe schaumig aufmixen und in tiefe Teller verteilen. Suppe mit karamellisiertem Staudensellerie und Äpfeln garnieren.

Valentin ist so ein Tag, den ich überhaupt nicht mag

Vor der Kasse steht ein Tisch:
Weihnachtssachen 50%.
Wenn ich da jetzt meiner Freundin
einen reduzierten Weihnachtsmann,
den aus 70% Bitterschokolade,
wunderschön in Zellophan verpackt,
mitbringe,
gibt es eine Diskussion:
»Warum schenkst du mir den erst jetzt,
war er dir vorher zu teuer?«
»Ich habe doch gesagt,
ich will keine Kalorien geschenkt bekommen!«
»Warum schenkst du mir nie etwas Sinnvolles?«

Es gibt diese Tage,
die sind,
egal was man tut,
zum Scheitern verdammt.
Valentin ist so ein Tag,
den ich überhaupt nicht mag.

Ich gehe weiter durch die City
und komme an einer Parfümerie vorbei.
Die Frauen sehen alle aus,
als seien sie vor dreißig Jahren
als *Germanys next Topmodel*

nicht infrage gekommen.
Ein grellbuntes Schild erinnert mich daran,
dass in sechs Wochen
Valentinstag ist, der Tag,
an dem ich meiner Liebsten
unbedingt etwas schenken muss.
Ich betrete also diesen Laden,
um mich rum hängen überall rote Herzen.
Meine Freundin wird mir niemals glauben,
dass ich nicht im Puff war,
so, wie ich riechen werde,
wenn ich den Laden hier hinter mir lasse.
Und niemals wird sie mir glauben,
dass ich mich heute schon
um ein Valentinstagsgeschenk gekümmert habe,
sechs Wochen vor dem Fest,
das sich der Einzelhandel für uns ausgedacht hat.
Ich lasse mir Düfte auf Papierstreifen sprühen,
und mal habe ich die Vorstellung einer Sechzehnjährigen,
mal einer Sechzigjährigen,
wenn es so zwischen Zitrus und Lavendel schwankt.
Und ich bin sicher,
nichts davon passt zu meiner Freundin,
denn meine Freundin ist mir am liebsten
wenn sie nach Schweinebraten duftet,
nach Frittiertem, nach Zwiebeln und brauner Butter.

Es gibt diese Tage,
die sind,
egal was man tut,
zum Scheitern verdammt.
Valentin ist so ein Tag,
den ich überhaupt nicht mag.

Als nächstes bleibe ich an einem Wäschegeschäft hängen.
Darf man einer Frau Wäsche schenken,
ohne dass sie einem Vorwürfe macht?
Die Bandbreite ist größer als der Brustumfang.
»Dir gefällt wohl nicht, was ich sonst trage?«
»Bin ich dir zu bieder?«
Denn kein Mann wird seiner Freundin,
die ihn zu Hause in roten Strapsen empfängt,
einen hautfreundlichen Baumwollschlüpfer schenken.
Jede erotische Wäsche
muss also zwangsläufig
als Kritik verstanden werden.
Natürlich kann ich mich an dem orientieren,
was sie bereits im Schrank hat.
Dann wird sie mich einfallslos nennen.
»Was soll ich damit, so was habe ich doch schon.«
Kaufe ich ihr etwas völlig anderes,
habe ich unerfüllte Fantasien.
Dennoch sagt mir die Industrie,
in unserem Schlafzimmer müsse sich etwas ändern.

Es gibt diese Tage,
die sind,
egal was man tut,
zum Scheitern verdammt.
Valentin ist so ein Tag,
den ich überhaupt nicht mag.

Zu Hause setze ich mich an den Computer
in der Hoffnung, die zündende Idee
für das Fest der Liebe zu bekommen.
Nannte man so nicht früher Weihnachten?
Aber da gab es auch noch kein Halloween,
keinen Truthahn im November
und keinen Christopher Street Day.
In meinem Posteingang
hagelt es nur so
von Tipps zu Valentin:
Von Büchern, Gartenleuchten, Wellnesswochenenden
bis hin zu Penisverlängerungen.
Ich frage mich,
was ihr davon wohl am meisten fehlt
und entscheide mich für die Internetseite
eines Buchhandels.
Ganz unverfänglich, denn da finde ich
neben Büchern aller Genres auch Accessoires
für fast alle Gelegenheiten.
Und wieder stehe ich
vor der Entscheidung,
die mich schon im Wäschegeschäft um-

und schließlich herausgetrieben hat:
Kaufe ich ihr jetzt *Fifty Shades of Grey*,
wird sie eine Unzufriedenheit dahinter vermuten
oder eine Erwartungshaltung meinerseits.
Wie wäre es mit einem schönen Kochbuch?
Sie wird in Tränen zerfließen wie Butter in der Sonne,
weil sie denkt,
ihr Essen schmeckt mir nicht.
Lieber einen Krimi?
Dann sagt sie mir, dass sie die Zeit,
die sie mit einem Buch
auf der Couch verbringt,
viel lieber
mit mir verbringen würde.

Es gibt diese Tage,
die sind,
egal was man tut,
zum Scheitern verdammt.
Valentin ist so ein Tag,
den ich überhaupt nicht mag.

Also scrolle ich zurück
zu den Wellnessangeboten.
Schon auf den ersten Blick sehe ich,
dass dieses
eine Wochenende
im Februar
von allen Sonderangeboten

ausgenommen ist.
Wir können uns zu zweit in eine Badewanne legen,
wo ich zu Hause immer nur
unter die Dusche gehe,
am liebsten in die Gemeinschaftsdusche
nach dem Sport,
weil mir die Kabine zu Hause zu eng ist.

Also soll ich mit meiner Liebsten
200 Liter abgestandenen Wassers teilen,
aromatisiert mit Blütenblättern,
die an der Haut kleben,
wenn wir die Badewanne verlassen,
und ich einfach nur das Bedürfnis verspüre,
mir das Zeug abzuduschen.
Es gibt Wohlfühlmassagen,
aber da soll dann ein anderer Kerl,
der nicht einmal Valentin heißt,
meine Liebste an Stellen berühren,
die sie sonst nie in der Öffentlichkeit
auch nur entblößen würde?
Ich möchte auch nicht
mit midlifekriselnden Paaren
mit hängenden Brüsten
und schütteren Haaren,
die zu Valentin vor ihren Kindern flüchten,
in der Sauna sitzen.

Es gibt diese Tage,
die sind,
egal was man tut,
zum Scheitern verdammt.
Valentin ist so ein Tag,
den ich überhaupt nicht mag.

Ich blättere zum Veranstaltungskalender
für den Februar.
Die meisten Seiten sind
in Rot- und Rosatönen gehalten.
Helene Fischer kann ich ausschließen,
ich muss zugeben,
so groß ist meine Liebe
nicht einmal an Valentin.
Dreiundzwanzigster Spieltag
in der Fußballbundesliga.
Aber ich sehe schon,
es geht hier nicht um mich.
Ein Musical wäre doch was,
aber fast alle Karten sind ausverkauft,
es gibt nur noch Einzelplätze.
Mir scheint,
das ist für Valentin auch nicht das Richtige.
Ich entdecke einen Gutschein:
Fünf Euro Rabatt
auf den Eintritt
der Erotikmesse in Wuppertal.
Und wieder höre ich sie sagen,

was mir an ihr wohl nicht gefällt,
dass ich mit ihr dort hingehen möchte.

Es gibt diese Tage,
die sind,
egal was man tut,
zum Scheitern verdammt.
Valentin ist so ein Tag,
den ich überhaupt nicht mag.

Also werde ich ihr
ein Essen zu zweit schenken.
Eingedenk dessen,
dass an allen Zweiertischen
um uns herum
Paare sitzen werden
zum Zwecke
sich nach dem Essen zu paaren.
Viele sehen sich an diesem Tag
zum ersten Mal richtig an für dieses Jahr,
das dann immerhin schon sechs Wochen alt ist,
und während es draußen schön kalt ist,
werden sie sich unter der Decke
eng aneinander schmiegen,
den Bauch voll,
es entweicht auch mal ein Furz,
Alkohol im Blut,
Licht aus,
um nicht sehen zu müssen,

was man gar nicht mehr sehen mag,
wozu man sich aber gezwungen sieht
an diesem Valentinstag.

Es gibt diese Tage,
die sind,
egal was man tut,
zum Scheitern verdammt.
Valentin ist so ein Tag,
den ich überhaupt nicht mag.

Also werde ich mich belesen
und meiner Liebsten ein Essen zusammenstellen,
dem sie nicht widerstehen kann,
weil er wieder stehen kann
nach Spargel, den ich aus Südafrika einfliegen lasse,
und Austern, sobald ich nach dem vergeblichen Öffnen
mangels Kettenhandschuh
aus der Notaufnahme des Krankenhauses
mit einem aufsehenerregenden Verband
nach Hause entlassen werde.
Ich überrasche sie
mit gratinierten Pilzen an Senfschaum,
getrüffelten Feigen an Feigentrüffeln,
einem Salat aus Granatapfelkernen
im Kaviarbett mit Zwiebeljus.
Ich zaubere ihr eine Mousse
aus ihrem Lieblingsmüsli.
Und ich weiß heute schon,

dass sie mich fragen wird,
was all das sündhaft teure Zeug
in unserem Kühlschrank soll
und dass ich ja weiß,
dass sie nicht schlafen kann,
wenn sie weiß,
dass die Küche noch nicht aufgeräumt ist.
Und wie lange es wohl dauern wird,
bis sie diese unnötigen Kalorien
wieder abgehungert haben wird.

Es gibt diese Tage,
die sind,
egal was man tut,
zum Scheitern verdammt.
Valentin ist so ein Tag,
den ich überhaupt nicht mag.

Garnelensuppe mit Estragon-Sahne

Zutaten:

8 rohe Garnelen mit Kopf und Schale

1 Knoblauchzehe

½ Zwiebel

½ Bund Suppengrün

2 EL Olivenöl

etwas Kümmelpulver

½ l Hühnerbrühe

50 g Sellerieknolle

1 Möhre

Salz, Pfeffer aus der Mühle

2 Estragonzweige

50 g kalte Sahne

Zubereitung:

Die Garnelen waschen und mit Küchenpapier trocken tupfen. Die Köpfe abdrehen und die Schwänze schälen. Köpfe und Schalen aufheben. Den Knoblauch und die Zwiebel schälen und würfeln. Das Suppengrün putzen und klein schneiden. Das Olivenöl in einem Topf erhitzen, die Garnelenköpfe und –schwanzschalen darin unter Rühren anbraten. Zwiebel und Knoblauch, sowie Suppengrün dazugeben. Kurz anbraten und dabei mit dem Kümmel bestäuben. Mit der Hühnerbrühe ablöschen und alles bei niedriger Temperatur 20 Minuten köcheln lassen.

In der Zwischenzeit den Sellerie und die Möhre schälen. Zuerst in dünne Scheiben, dann in dünne Streifen schneiden. Ein Sieb mit einem Küchentuch auslegen und die Brühe durch das Tuch filtern. Mit Salz und Pfeffer abschmecken. Den Estragon waschen, mit Küchenpapier trocken tupfen. Die Blätter von den Zweigen zupfen und ein paar Blätter zum Garnieren beiseitelegen. Die restlichen Blätter hacken.

Kurz vor dem Servieren die Brühe aufkochen lassen. Die Gemüsestreifen und die geschälten Garnelen dazugeben. 2-3 Min. kochen lassen. In der Zwischenzeit die Sahne steif schlagen, vorsichtig mit dem gehackten Estragon verrühren und mit Salz und Pfeffer würzen. Die Suppe mit der Einlage aus Gemüse und Garnelen in Suppenschalen verteilen, die Sahne mit einem Esslöffel eiförmig ausstechen und je ein Sahne-Ei in jede Suppe gleiten lassen. Mit dem restlichen Estragon garnieren.

Zungenbrecher

»Das ist Heiner Schwarz, Latein und Geschichte am Otto-Hahn-Gymnasium«, stellte Sabine Konrad vor.

»Ich war am Friedrich-Schiller-Gymnasium«, antwortete ihr Kollege Steffen Maurer.

Das Windspiel im Auge der gewundenen Treppe klimperte, wenn die nackte Leiche, die an einem Lampenkabel über dem Kellergeschoss baumelte, dagegen schlug.

»Ich hatte ihn mir kleiner vorgestellt.«

»Ich denke, du kanntest ihn?«

Sabine lachte, ging auf der Treppe um ihren alten Lehrer herum und betrachtete ihn genau. »Wir haben im Unterricht und in den Pausen immer gemutmaßt, dass er bei seinem Egoproblem wohl einen besonders kleinen Schwanz hat.«

Steffen Maurer folgte ihrem Blick. »Weißt du, dass Avocado Hoden heißt? Da kann man nachvollziehen, wo das herkommt, nicht wahr? Braun und schrumpelig.«

»Wir könnten ihn abhängen, wir sind hier fertig«, sagte der Kollege von der Spurensicherung. »Ihr könnt jetzt in die Küche und ins Esszimmer, da haben wir ebenfalls alles fotografiert und kriminaltechnisch untersucht.«

Der Tisch im Esszimmer war mit weißem Porzellan und Silberbesteck gedeckt, drei Kerzen in einem silbernen Leuchter waren komplett heruntergebrannt, eine Stoffserviette lag auf der leeren Sitzfläche eines dunkelgrün bezogenen Stuhls. Leere Austernschalen schwammen zwischen Limettenscheiben und Eichblattsalat in einer

Wasserlache, eine Champagnerflasche stand neben einem Sektkühler, in dem nur noch lauwarmes Wasser war.

»Ich sehe, ihr habt das zweite Glas und das Gedeck für die DNA schon eingepackt«, vermutete Maurer, aber der Kollege der Spurensicherung schüttelte den Kopf.

»Es gab nur dieses eine Glas, keine Spuren einer zweiten Person. Aber wer macht ein solches Essen für sich alleine? Im Schrank stehen elf Teller dieses Geschirrs, es sieht nicht so aus, als habe jemand einen Teller mitgenommen. Eine Henkersmahlzeit alleine?«

»Wundern würde es mich nicht, wenn er niemanden für dieses letzte Essen gehabt hätte, aber wer zieht sich dann vollständig aus und hängt sich selbst ins Treppenhaus?«, fragte Sabine.

Es gab keine Spuren, das Bett war ordentlich gemacht, der Mülleimer in der Küche war leer.

»Hier sind zwei Schälchen mit Mousse au Chocolat im Kühlschrank«, rief ein Kollege aus der Küche. Es hätte also noch ein Dessert geben sollen, zu dem es nicht mehr gekommen war. Zu zweit.

»Gibt es einen Abschiedsbrief, eine Mailnachricht im Postausgang, irgendwas Verwertbares?«, fragte Maurer, aber bislang hatte sich nichts gefunden.

*

Wie bei dem Lehrer gab es wieder keine offensichtlichen Spuren.

»Da haben wir normalerweise vielleicht acht unnatürliche Todesfälle im Jahr, jetzt schon zwei in einer Woche, das ist ja nicht normal. Zumal beide eindeutig mit gutem

Essen zu tun haben«, sagte Sabine Konrad und roch an einem Teller mit geschnetzeltem Fleisch.

»Leber, schön mit Zwiebeln und Apfel ..., so muss das sein«, kommentierte Maurer. »Da möchte man gerne etwas stibitzen, aber wir wissen nicht, ob der Getötete zuvor vergiftet wurde.«

»Übertötet?«, fragte Sabine Konrad.

»Du kennst das doch aus der *Entführung aus dem Serail*: Erst geköpft, dann gehangen, dann gespießt auf heiße Stangen; dann verbrannt, dann gebunden und getaucht; zuletzt geschunden.«

Der Arzt zeigte auf Würgemale am Hals. »Deine humanistische Bildung kannst du dir sparen, der wurde nur gebunden, also erdrosselt. Natürlich machen wir noch die toxikologischen Untersuchungen, aber Todesursache war der Bruch des Zungenbeins.«

»Gibt es wieder keine Anzeichen für eine zweite Person?«, fragte Sabine Konrad. »Hier steht ja nicht einmal ein Weinglas.«

Der Arzt griff sich mit beiden Händen an die Kehle. »Ich würde eher ausschließen, dass er es geschafft hat, sich selbst zu erdrosseln und anschließend das hierfür notwendige Hilfsmittel verschwinden zu lassen und sich lasziv auf sein Bett zu legen, als habe er dort auf jemanden gewartet.«

»Sein Weinglas steht jedenfalls auf dem Boden neben dem Bett. Das Essen ist nicht aufgegessen, auch hier stehen noch zwei Nachtischschälchen im Kühlschrank, eine Creme mit Waldfrüchten. Zufall?«, warf Maurer ein.

*

»Ich hoffe, du magst all das, was ich für dich vorbereitet habe. Wir beginnen mit einem Pilzrisotto, dann eine
Selleriesuppe, Garnelen mit Spargel ...«

Christian sah die Brünette erwartungsvoll an. Sie
hatten sich in einem Online-Forum kennengelernt. Sie
war verrucht, hatte schmutzige, offensive Fantasien. Zu
ihrem ersten Treffen hatte sie vorgeschlagen, dass er
seine Wohnung zur Verfügung stellen sollte, sie würde
Essen mitbringen.

»Du hast zwar geschrieben, dass du keine Desserts
magst, aber ich habe trotzdem etwas gemacht. Minz-
Rotwein-Birnen mit Chili, ich glaube nicht, dass du da
widerstehen kannst. Nichts Cremiges, kaum Kalorien,
aber jede Menge Schärfe und Exotik. Und Erotik. Warte
ab, wenn ich dich damit füttere«, sagte Christian.

Sie lächelte geheimnisvoll. Ihre Beschreibung im Internet war wohlklingender gewesen als ihr tatsächlicher An-
blick. Ihr Körperbau war fast männlich muskulös, aber ihr
aufregendes Outfit ließ den Körper, der an eine Hammer-
werferin der früheren DDR erinnerte, fast vergessen. Der
steckte in einem schwarzen, ärmellosen Lack-Jumpsuit,
nur ein schmaler Spalt Muskeln war über den fast arm-
langen roten Latex-Handschuhen zu sehen. Die Beine des
Overalls verschwanden schon oberhalb des Knies in
schwarzen Lederstiefeln. Sie wirkte, als könne sie Wal-
nüsse mit ihren Pobacken knacken.

»*Säbelzahntiger* klingt so animalisch. Und vor allem, als
könntest du viel Adrenalin bei mir entfachen. Ich hätte dir

wohl besser ein blutiges Steak serviert, aber das hätte ich nicht vorbereiten können.«

Ihr satter Alt ließ Schauer über Christians Rücken laufen. Er grinste.

»Ja, die Namen im Internet können irreführen. Ich hatte bei *Zungenbrecher* an etwas Literarisches gedacht, ich hatte nicht geglaubt, dass es eine Frau gibt, die einem mit den Lippen die Zunge brechen könnte. Was trainierst du, dass du so gut gebaut bist? Du musst noch irgendetwas anderes als Sex praktizieren.«

Sie legte ihm einen behandschuhten Finger auf die Lippen und zog ihn langsam, aber geschickt aus. Sein Körper reagierte sofort, er drängte sich an ihren Leib, aber sie hielt ihn zurück.

»Das ist ein Liebesakt in vier Gängen. Wir sollten nicht mit dem Hauptgang anfangen, solange wir die Vorspeisen nicht genossen haben.«

Aus einem mitgebrachten Korb zauberte sie eine schwarze Tischdecke und schwarzes Geschirr hervor, sogar an eigene Gläser hatte sie gedacht. Sie schenkte einen Sekt ein, prostete Christian zu und umschlang im Stehen seinen Oberkörper. Sie legte den Kopf in den Nacken und ließ sich den Sekt von oben in den offenen Mund rinnen. Was daneben floss, leckte Christian gierig aus ihrem Gesicht.

Wie eine Picknickdecke breitete sie das schwarze Tuch auf dem Parkettfußboden aus. Dann stellte sie die Teller, Besteck und das Risotto darauf und forderte Christian auf, sie zu bedienen. Sie setzten sich auf den Boden, den warmen Topf zwischen sich.

Christian ließ sich von ihr ein großes Lätzchen umbinden und aß folgsam und genussvoll, was sie ihm in den Mund schob.

»Wie hast du es geschafft, dass der Reis genau die richtige Temperatur hat? Wohnst du in der Nähe?«

Er wollte sich an sie schmiegen, aber sie blickte nur lächelnd in seinen Schoß und schlug vor, erst die Suppe zu essen, wobei ihre Stimme keine Widerrede zuließ.

Sogar an Suppentassen hatte sie gedacht, und sie schlürften die Suppe genüsslich. Sie räkelte sich auf dem schwarzen Tuch, und Christian bat sie, die Schuhe auszuziehen, weil er sich an sie schmiegen wollte, aber sie stellte ihm in Aussicht, ihn nach dem Hauptgang wie bei einem Rodeo reiten zu wollen, da würden Stiefel einfach dazugehören. Christian war unsicher, worauf er sich da eingelassen hatte.

Ob das Essen, ihr Aussehen oder ihr Verhalten Auslöser für seine sichtbare Reaktion war, war letztlich unerheblich, aber Christian konnte sich nur noch mit Mühe auf das Essen konzentrieren. Er sog die lauwarmen Spargelstangen genießerisch in den Mund und lutschte die Sauce von den Garnelen. Dazu hatte sie frisches Baguette mitgebracht, mit dem Christian die Sauce auftunkte.

»Das Essen war köstlich. Wäre es nicht meine eigene Wohnung, würde ich sagen, in einem solch anregenden Ambiente habe ich noch nie gegessen. So würde mir alles schmecken, was immer du mir servierst.«

Nach dem Hauptgang entnahm sie ihrem Korb etwas,

was Christian nicht sofort erkannte. Sie raffte alles andere zusammen und ließ es in ihrem Korb verschwinden.

Dann stand sie auf und fuhr Christian mit einem behandschuhten Finger die Rippen entlang.

»Jetzt bin ich bereit für den Ritt auf einem Säbelzahntiger.« Sie ließ eine Peitsche knallen und blickte Christian auffordernd an. Christian war eher von schmächtiger Statur, nicht viel größer als einen Meter siebzig und sehr schlank. Sie war größer und wog mindestens zwanzig Kilo mehr als er. Er hatte noch nie Erfahrung mit Lack und Leder gemacht und fühlte sich trotz aller Lust nicht wohl bei der Berührung ihrer Kunsthaut.

Sie fingerte an ihm herum, und er fühlte einen unbekannten Druck.

»Du weißt, warum die Stiere beim Rodeo so wild sind?«

Darüber hatte Christian sich noch nie Gedanken gemacht.

»Sie haben einen Ring um die Eier, den der Rodeoreiter vom Rücken aus lösen kann.« Sie zog an einem Seil, das zwischen seinen Beinen endete und im ersten Moment unangenehme Schmerzen verursachte, zugleich aber Vorfreude auf das auslöste, was kommen sollte.

»Los, lauf mit mir durch die Wohnung. Bring mich zu deinem Bett«, kommandierte sie.

Sie stieg auf seinen Rücken, und er trabte auf allen vieren durch die Wohnung, sich vor Schmerzen aufbäumend wie ein Rodeostier. Sie presste ihm ihre Absätze in die Seiten, um nicht herunterzufallen, und hinterließ rote

Male in seinen Rippen. Er stöhnte auf, eine Mischung aus Schmerz und Lust.

Als sie den Druck von seinen Hoden löste, ließ er sich erleichtert auf den Boden fallen.

»Keine Müdigkeit vorschützen«, tadelte sie, warf ihm ein Ledergeschirr um den Hals und zog daran. Er rappelte sich auf und stützte sich am Sideboard ab, bis sie fest auf seinem aufrechten Rücken saß, die Beine um seinen Bauch geschlungen. Seine Hand krallte sich um ein Stück Papier.

»Ich habe mir extra einen Zungenbrecher für dich ausgedacht«, sagte er stöhnend und hielt einen kleinen Zettel hoch.

»Ich mir für dich auch«, antwortete sie, sprang von seinem Rücken und strangulierte ihn von hinten mit dem Gurtzeug, bis er tot zusammenbrach, den Kehlkopf durch das gebrochene Zungenbein zerquetscht, während sich seine Erektion entlud.

Sie warf ihn auf das Bett, packte alles, was sie mitgebracht hatte, in ihren Korb zurück und verließ die Wohnung. Draußen hatte sie einen zweiten Korb deponiert, in den sie die Perücke stopfte und dem sie die Kleidung entnahm, die sie sich überwarf. Spuren konnte sie wieder keine hinterlassen haben. Alle elf Minuten verliert sich ein Single bei Parship.

Sie blickte auf den Zettel, den sie Christian abgenommen und in ihren Stiefelschaft gesteckt hatte:

Fünf vollbusige Frauen von fünfzig fürchten vollreife phallische Früchte.

Säbelzahntiger hatte sie sich selbstbewusster und dominanter vorgestellt. Sie war ein wenig enttäuscht.

♡♡♡♡♡♡♡♡♡♡♡♡♡♡♡♡♡♡♡♡♡♡

Flavonoide

Als Kinder bekamen wir zu hören, wir sollten den Apfel mit Schale essen, da säßen die meisten Vitamine. Das stimmt so nicht, aber tatsächlich sitzen Flavonoide hauptsächlich unter der Schale. Farbintensive Pflanzen wie Schwarze Johannisbeeren, Paprika, Äpfel oder Blaue Trauben enthalten diese sekundären Pflanzenstoffe, die stark antioxidativ wirken. Wir wissen, ein angebissener Apfel »altert«, wird braun. Ähnlich wirken Flavonoide dem Alterungsprozess im Körper und der Entstehung von Krankheiten entgegen. Versuche haben gezeigt, dass Männer mit einem höheren Konsum an flavonoidhaltigen Lebensmitteln, besonders Obst, ein mindestens 10% geringeres Impotenzrisiko haben. Bei zusätzlich erhöhter Bewegung treten sogar 21% weniger Fälle an Erektionsstörungen auf.

Ein erster Blick auf Lebensmittel hilft schon, um die farbenprächtigsten herauszusuchen. Auch das Auge nimmt schon anregende optische Reize auf. Greifen Sie häufiger zu Obst wie Erdbeeren, Heidelbeeren, Schwarzen Johannisbeeren, Kirschen, Äpfeln, Birnen, Orangen, Grapefruit, Aprikosen oder Pflaumen oder auch zu Blauen Trauben, roh oder in Form von Rotwein unter Beachtung der genussvollen Alkoholmengen. Aber auch herzhafte Zutaten wie Zwiebeln, Brokkoli, Grünkohl, Paprika, Tomaten und Sellerie fördern die Lust.

Gewürze

In zahlreichen Gewürzen wie in **Muskat, Petersilie, Safran, Kardamon** oder **Ingwer** kommen ätherische Öle vor. Sie sensibilisieren die Geschmacks- und Geruchsnerven, reizen die Sinne und sind daher anregend.

Muskat enthält darüber hinaus Myristicin, was im Körper in einen Ecstasy-ähnlichen Stoff umgebaut wird und die Stickoxidproduktion im Blut erhöht. Aber hierzu sind erhebliche Mengen von circa einer Muskatnuss pro Person notwendig.

Ingwer ist reich an Gingerol, Magnesium, Vitamin B_6, Kalium und Mangan und verbessert die Kreislauftätigkeit und sorgt somit für entspannte Arterien.

Knoblauch regt die Stickoxid-Produktion an und entspannt die Arterien, aber bedenken Sie, dass Knoblauch in Atem und Hautausdünstungen wenig beflügelnd ist.

Zimt und **Vanille** erhöhen die Pheromonproduktion und wirken somit anziehend. Pheromone sind Sexuallockstoffe. Sie weiten die Geschmacksknospen und sensibilisieren die Geschmacks- und Geruchsnerven, da sie die Durchblutung der Schleimhäute am ganzen Körper fördern. Männer entspannen bei Vanilleduft. Kombinieren Sie Vanille und Calcium in Form von Vanille-Eis, denn die Muskeln, die die Ejakulation kontrollieren, brauchen für ihre Kontraktion unbedingt Calcium.

Androstenol heißt der Wirkstoff, der sowohl in **Trüffel** als auch in **Staudensellerie** enthalten ist. Er wird vor allen während der Pubertät im Körper des heranwachsenden Mannes als Sexuallockstoff gebildet und verdunstet über die Haut, was direkt auf das weibliche Gehirn wirkt. Das Pheromon in Trüffeln riecht wie das Sexualhormon von Ebern, daher finden Säue Trüffel. Die Alkaloide in Sellerie erhöhen die Spermienproduktion und steigern die Lust.

Senf regt die Funktion der Sexualdrüsen an und wirkt durchblutungsfördernd, **Rosmarin** verbessert die Herztätigkeit.

Pfeffer ist reich an Piperidin, enthält also pflanzliche Östrogene und steigert daher die weibliche Libido, das sexuelle Begehren.

Den gleichen Effekt erreichen Sie mit **Koriander.** Aber Vorsicht, Koriander enthält Aldehyde, die manche Menschen an Seife erinnern, was richtige Abwehrreaktionen auslösen kann. Dies ist kulturell bedingt, 17% der Europäer verabscheuen Koriander, 14% der Afrikaner und 21% der Ostasiaten, in Südostasien und dem Mittleren Osten sind es nur 3-7 %. Außerdem gibt es genetische Unterschiede. Ein bestimmter Genabschnitt beeinflusst die Geruchsrezeptoren, die entweder abwehrend auf Seife reagieren oder Koriander frisch und wohlschmeckend finden. Man kann sich aber an den Geschmack gewöhnen.

Chili ist ein echter Scharfmacher. Das enthaltene Capsaicin reizt die Schleimhäute des Rachens, aber auch der Genitalien und der Haut und fördert dadurch die Durchblutung. Daher werden vor allem Frauen sensibler für Berührungen und bilden das Glückshormon Endorphin. Zugleich schüttet der Körper Opiate aus, die für eine geringere Schmerzempfindlichkeit und eine größere Lust sorgen.

Keinerlei erotisierende Wirkung hat übrigens **Liebstöckel**, auch wenn der irreführende Name anderes vermuten lässt.

3. Gang:

Kartoffel-Sellerie-Püree

Zutaten:

300 g mehligkochende Kartoffeln

250 g Knollensellerie

50 g Butter

100 ml Milch

etwas Salz, Muskat

Zubereitung:

Kartoffeln und Sellerie schälen, würfeln und in kochendem Salzwasser in etwa 30 Minuten weich garen. Anschließend abgießen und durch eine Presse in einen Topf drücken. Butter unterrühren. Milch mit Salz und Muskat aufkochen und unter das Püree rühren. Püree warm halten.

Karamellisierte Zwiebeln mit Kalbsleber

Dafür nimmt man am besten milde Zwiebeln, zum Beispiel die roten, die nachher auf dem Teller besonders hübsch aussehen.

Zutaten:

2 schöne Scheiben Kalbsleber

Mehl zum Bestäuben

2-3 EL Olivenöl, Salz, Pfeffer, Majoran

2-3 schöne, große, rote Zwiebeln

2 EL Butter

2 TL Zucker

je ½ TL Koriander- und Senfsamen

Balsamico

1 Glas Rotwein

Kerbel

Zubereitung:

Die Kalbsleber häuten. Falls sehr dicke Sehnen vorhanden sind, diese vorsichtig herausschneiden. Die Scheiben in Mehl wenden, überschüssiges Mehl abschütteln. Die Scheiben in einer beschichteten Pfanne im heißen Öl zuerst sehr heiß anbraten, dabei salzen, pfeffern und etwas Majoran darüberstreuen. Sobald schöne Bratspuren sichtbar sind, auf einem Teller im 80° C vorgewärmten Ofen warm stellen und mindestens 20 Minuten nachziehen lassen. Sie sind gar, wenn sie auf Fingerdruck sanft Widerstand bieten.

Im Bratfett die Zwiebeln andünsten. Dafür werden sie geschält, halbiert und dann in schmale Segmente geschnitten, die an der Wurzelscheibe noch zusammenhängen. Sanft in der Butter anbraten, dann mit dem Zucker bestäuben, karamellisieren, salzen, pfeffern und die Gewürzsamen hinzufügen.

Schließlich bei milder Hitze im eigenen Saft zugedeckt etwa 20 bis 30 Min. leise schmoren lassen. Dann die Hitze erhöhen, einige Spritzer Balsamico zugeben und den Rotwein in mehreren Gängen angießen. Nicht alles auf einmal, sondern immer nur dann, wenn die meiste Flüssigkeit verkocht ist.

Die Zwiebeln sollen wie ein sämiges Kompott wirken. Neben oder auch auf die Leberschnitten häufen, rundum den Teller mit Klecksen vom Balsamico sowie einigen Kerbelblättchen garnieren.

Was passiert da wohl im Dunkeln?

Schon das Packen des Koffers war für Sarah eine Herausforderung. Was zieht man denn zu einem *Dinner in the Dark* an? Dieses hübsche Sommer-T-Shirt vom letzten Jahr hatte einen Himbeerfleck genau über der rechten Brust, das würde man im Dunkeln gar nicht sehen. Aber sie käme ja nicht direkt vom Hotelzimmer an ihren Tisch, da wäre das wohl doch das Falsche. Da die Fenster bei einem Dunkeldinner natürlich die ganze Zeit geschlossen sein müssten, entschied sie sich für etwas Luftiges, ein rotes, rückenfreies Seidenkleid mit einem schwarzen Bolero-Jäckchen. Wer weiß, wie der Rest des Abends verlaufen würde, da könnte ein schickes Outfit nicht schaden.

Paul hatte ähnliche Gedanken und entschied sich für ein kurzärmeliges, türkisfarbenes Hemd und eine helle Leinenhose, die oben herum bequem geschnitten war.

Paul wartete schon auf dem Parkplatz, obwohl Sarah zehn Minuten zu früh war.

Sie waren erst drei Monate zusammen, und er war sehr kritisch wegen dieses Essens. Sarah hatte das Arrangement im Internet gefunden und ihn mit einem Gutschein zum Valentinstag überrascht. Er hatte den Termin herausgezögert, aber es war das letzte Mal vor der Sommerpause, in der die Abende zu lange hell waren und die Verdunkelung eine noch größere Herausforderung darstellte. Bislang hatte er es, wann immer es möglich war, vermieden, mit Sarah essen zu gehen. Er aß einfach am liebsten, was er von zu Hause kannte, so etwas wie Schnitzel,

Pommes und Salat – aber Sarah war ein echter Gourmet und lachte über die Schniposa-Typen, wie sie sie nannte. Schweinebraten mit Klößen und Salat ging auch, Nudeln mit Gulasch hatte er auch schon mal bestellt. Aber bei Spätzle fing es für ihn schon an, exotisch zu werden, so etwas kam bei seiner Mutter nicht auf den Tisch.

Das Hotel war sehr ansprechend, die Betten waren bequem, aber die Glastür zum Badezimmer ließ ihn zusammenzucken. Seine Mutter hatte ihn immer ermahnt, er solle die Tür schließen, wenn er ins Bad gehe, auch wenn es nur zum Zähneputzen sei. Aber hier würde man ja trotz geschlossener Tür alles sehen können.

Fast erleichtert fiel ihm ein, dass ein Essen im Dunkeln gar nicht so schlecht sei, da würde Sarah ja gar nicht sehen, was er alles unberührt auf seinem Teller liegen ließe. Sie hatte ihm vom Menü vorgeschwärmt, vier Gänge würde es geben.

Die Chefin des Hauses nahm sie an der Theke in Empfang. Es waren nur sehr wenige Gäste da, was die Chefin in ihrer kurzen Begrüßung erklärte. »Die Grippewelle fordert leider ihren Tribut, wir haben zahlreiche Absagen für heute Abend. Aber wir wollten Ihnen das Vergnügen natürlich nicht nehmen und freuen uns, dass Sie alle gesund und munter sind. Auf den Tischen hier vorne liegen Getränkekarten, bitte bestellen Sie jetzt. Anschließend führen wir Sie zu Ihren Tischen. Bitte legen Sie Ihre Hände auf meine Schultern oder die Schultern meiner charmanten Kollegin, Ihre Tischnachbarn legen Ihnen die Hände auf die Schultern, dann führen wir Sie zu Ihren

Plätzen. Sobald alle sitzen, können wir mit dem Menü beginnen. Wir wünschen Ihnen ganz viel Vergnügen.«

Sarah blickte Paul aufgeregt an, ihre Augen funkelten freudig, aber er konnte diese Freude nicht teilen. Er mochte seine Hände keiner unbekannten Frau auf die Schultern legen. Wie sollte er Sarah sein Zögern erklären?

»Ich bin so viel größer als du, da kommst du ja kaum an meine Schultern, ich gehe hinter dir«, schlug Paul vor und folgte den beiden Damen ins Dunkle. Seine Mutter hatte ihn immer ermahnt, er solle Licht anmachen und genau schauen, wo er hingehe. Wenn sie das wüsste, dass er hier im Dunkeln an einen Tisch gebracht wurde.

»Ich möchte gerne mit dem Rücken zur Wand sitzen«, sagte Paul stockend. Die Chefin des Hauses konnte ihn nicht verstehen, er hatte viel zu leise genuschelt. Als er seine Bitte wiederholte, bedauerte sie, die Zweiertische seien alle in der Raummitte.

Sarah war hörbar vergnügt, als sie am Tisch saßen. »Fühl doch mal«, forderte sie Paul auf. »Wenn ich die Ellenbogen ausstrecke, komme ich gerade bis an die Tischkante, es ist also ein ganz kleiner Tisch. Huch«, Paul zuckte zusammen, als sich ihre Hände auf seine legten. Das Tischtuch unter seinen Händen wurde feucht, was Sarah zum Glück nicht sah.

»Mein Schatz, wenn du schon keinen Cocktail bestellt hast, dann möchte ich wenigstens die Erdbeere mit dir teilen«, sagte Sarah, und schon drückte sich etwas Feuchtes, Genopptes gegen seine Wange. Paul schlug ihre Hand erschrocken weg.

»Wie schade, jetzt ist die Erdbeere heruntergefallen. Hoffentlich rutscht die Bedienung nicht darauf aus. Denkst du, die benutzen Nachtsichtgeräte, um sich im Raum zurechtzufinden?«

Das hatte Paul sich auch schon gefragt, aber er hatte gehört, wie die Bedienung einem anderen Gast draußen versichert hatte, sie hätten die Wege genau einstudiert und wüssten genau, wo welcher Tisch sei, sehen könnten sie nichts.

Es gab zwei Menüs zur Auswahl, und Sarah hatte, ohne Paul zu fragen, je ein Menü bestellt und gesagt, sie könnten dann jeweils beim Essen des anderen probieren. Er wollte aber auf keinen Fall etwas probieren, von dem er nicht genau wusste, was es war.

Er fragte die Bedienung, die mit den Tellern kam, was das denn sei. Aber die fragte nur, ob er das Menü I oder das Menü II bekäme. Sarah antwortete für ihn, sie wolle gerne das Menü I, aber beim Hauptgang würden sie tauschen.

Als die Bedienung gegangen war, flüsterte Paul: »Was habe ich denn jetzt auf dem Teller?«

Sarah lachte glucksend. »Ich sehe da …«

»Wie, du siehst etwas?«, unterbrach Paul sie erstaunt.

»Nein, natürlich nicht, das war nur so ein Spruch. Ich weiß ja, was auf der Karte stand«, neckte sie ihn. »Probier doch mal und sag mir dann, nach was es schmeckt.« Sie tastete beherzt nach ihrem Besteck, das klirrend auf den Teller klopfte, um das Essen zu finden. Man hörte, wie sie mit dem Messer etwas durchtrennte und gleich darauf ein begeistertes: »Hmmmh.«

»Und, was ist es?«, fragte Paul, der sein Essen noch immer nicht angerührt hatte. Sarahs Hand stieß gegen seine Brille und mit einem Aufschrei zuckte seine Hand zu seinem Gesicht, um die Brille zu sichern. Sarahs Finger tasteten seine Wange hinab und spreizten seine Lippen. Kurz darauf steckte sie ihm etwas in den Mund, dessen Geruch ihm völlig unvertraut war. Die Konsistenz erinnerte ihn an Leberwurst, aber da glibberte etwas scharf und süßsauer drumherum. Sie hatte die Gabel zurückgezogen und das Stück einfach in seinem Mund zurück gelassen. Er hörte, wie sie mit ihrer Gabel auf seinem Teller stocherte und zugleich hörte er ein: »Wie lecker, Wassermelone.«

»Aber deine Gabel ...«, sagte er entgeistert, während sie erklärte, sie habe es ertastet und es habe sich so interessant angefühlt.

»Auf meinem Teller?«, fragte er entsetzt und protestierte, als ihm eine Gabel voll Rettich-Radieschen-Salat in den Mund gestopft wurde.

»Hm, ich habe zu Hause schon ein wenig nachgelesen«, schwärmte Sarah. »Menschen, die Rettich und so essen, haben häufiger Sex als andere. Und Avocado macht Lust.«

Paul musste husten, und Sarah wischte sich etwas von der Stirn. Ein Lufthauch kündigte die Bedienung an, die das kleine, stille Wasser vor Paul stellte und den feinherben Wein vor Sarah. Sie fragte, ob sie die Teller schon abräumen dürfe, was Paul mit einem raschen »Ja« und Sarah mit einem strikten »Nein« beantwortete.

»Dann lass ich Ihnen die Teller beide da, vielleicht möchten Sie ja noch vom Teller des anderen naschen«, sagte die Bedienung verschwörerisch und entfernte sich lautlos.

Paul schmollte, er wollte nicht weiter in diesem dunklen Raum sitzen und Dinge essen, die er nicht sehen konnte, sodass er auch nicht erkennen konnte, was er mochte und was er bei Licht betrachtet niemals freiwillig würde essen wollen.

Als die Bedienung am Nachbartisch zu hören war, sagte Sarah, sie könnte ihnen jetzt auch den nächsten Gang bringen. Das tat sie auch, einerseits schneller, als es Paul lieb war, andererseits konnte er gar nicht schnell genug fertig werden.

»Ich habe dann zwei leckere Suppen für Sie«, sagte die Bedienung fröhlich. »Die Löffel liegen oberhalb der Teller quer. Lassen Sie es sich schmecken. Der Herr, Sie sollten erst einmal vorsichtig tasten.«

Paul brummte nur unverständlich. Am Tisch rechts wurde laut gelacht, da waren vier Personen zu unterscheiden, dort musste also eine Wand sein. Links von ihnen hörten sie gemurmelte Liebesbezeugungen, was Paul auszublenden versuchte.

»Wieso muss ich vorsichtig sein und du kannst einfach drauflos essen?«, fragte Paul mit einem ärgerlichen Unterton.

»Ich kann auch nicht drauflos essen, die Suppe ist nämlich ganz schön heiß«, entgegnete Sarah. Sie pustete, woraufhin Paul aufschrie und seine Hand zurückzuckte, wobei er sein Messer gegen sein Glas stieß. Alle Aufmerksamkeit im Raum war ihm sicher. Sarah entschuldigte sich wortreich. »Das ist Sellerie-Apfel-Suppe. Möchtest du probieren?« Sie schlürfte genüsslich den Löffel leer und steckte ihn erneut in ihre Suppe, aber Paul verbat sich, damit gefüttert zu werden.

»Der Ingwer macht ganz schön heiß, ich muss jetzt mal mein Bolero ausziehen«, flüsterte Sarah. »Darunter habe ich nackte Schultern. Möchtest du einmal fühlen?« Sie summte leise die ersten Takte von Ravels *Bolero*.

Auf Pauls Seite glitt etwas klirrend auf den Boden.

»Das war wohl der Garnelenspieß. Essen im Dunkeln ist doch sehr ungewohnt«, rief die Bedienung von irgendwo im Raum. »Soll ich einen neuen bringen?«

Aber Paul war dankbar, keine Garnelen essen zu müssen und lehnte bestimmt ab. Er fluchte, als ihm heiße Suppe auf die Hose tropfte. Sarah bot an, die Suppe aufzulecken, aber Paul wischte hektisch mit der Serviette über sein Bein. Ob seine Mutter den Fleck wohl würde herauswaschen können?

Beim Hauptgang erinnerte Sarah die Bedienung daran, dass das Rindersteak eher etwas für den Herrn sei, weil rotes Fleisch doch gut für seinen Testosteronspiegel sei.

»Die Leber ist noch gehaltvoller, aber ich verstehe Ihre Wahl gut«, erklärte die Bedienung. »Wobei sich die Pommes frites viel besser mit den Händen essen lassen als der Püree, da muss man mit der Gabel schon besser zielen.«

»Mit den Händen?«, fragte Paul entgeistert. Seine Mutter hatte immer gesagt, mit Essen spielt man nicht, das darf man auch nicht anfassen. Sie aß sogar Butterbrote mit Messer und Gabel, um sich nicht die Finger schmutzig zu machen. Er machte das zu Hause auch, aber die Kollegen hatten ihn einmal deswegen im Büro ausgelacht. Seitdem packte er seine Butterbrote immer in Frühstücksbeutel und biss einfach so ab, ohne sich die Hände schmutzig zu machen, auch wenn es ihn Überwindung kostete.

Sarah bestellte schon den zweiten Wein. Paul konnte das nicht verstehen, ihm war der Viertelliter Wasser schon zuviel. Sarah kicherte albern, das gefiel ihm nicht. Es war keine gute Idee, anschließend hier zu übernachten. Das Geld hätten sie sich wirklich sparen können. Und er wollte sich gar nicht ausmalen, welche Hintergedanken sie vielleicht bei diesem Menü mit erotischen Zutaten gehabt hatte.

Das Steak war in kleine Stücke geschnitten, die man notfalls unzerteilt essen konnte, die Leber war ebenfalls als Geschnetzeltes serviert worden. Anscheinend hatte Sarah verstanden, dass er nicht gefüttert werden wollte, sie stibitzte sich nur hin und wieder etwas von seinem Teller.

Vom Nachbartisch war inzwischen ein eindeutiges Stöhnen zu vernehmen. Sarah machte Paul amüsiert darauf aufmerksam. Als ob er das hätte überhören können. Er räusperte sich, aber das Paar schien seine Ermahnung nicht zu verstehen.

Beim Dessert plumpste plötzlich etwas auf Pauls Fuß. »Lass ruhig liegen, das war mein Schuh«, sagte Sarah glucksend. Scheinbar animierten sie die Geräusche vom Nachbartisch. Sie stöhnte genussvoll und erklärte Paul, sie habe sich gerade ein Stück Birne in den Mund gleiten lassen und werde den Saft langsam heraussaugen. Paul hatte einen Löffel seines Desserts probiert, aber er mochte keinen Kaffeegeschmack und verschluckte sich.

»Hiermit kannst du dir den Mund abwischen«, sagte Sarah und drückte ihm etwas in die Hand, mit dem er sich den Mund abtupfte. Er hielt es noch in der Hand, als die Chefin des Hauses in die Hände klatschte und einen Moment um ihre Aufmerksamkeit bat.

»Da krankheitsbedingt so wenige Tische besetzt waren, haben wir uns für heute etwas Besonderes einfallen lassen. Wir wurden schon so oft von den Gästen darauf angesprochen, dass sie es bedauern, gar nicht zu wissen, was sie denn eigentlich gegessen haben und wie der Raum und ihr Tisch überhaupt aussahen. Darum haben wir heute neben jedem Tisch einen Beistelltisch aufgebaut und die benutzten Teller dort abgestellt.« Während sie das sagte, ging langsam das Licht an. Alle blinzelten und blickten sich um.

Die Tische waren alle mit Essensresten besprenkelt, die Teller waren bis auf wenige Stücke, die im Dunkeln nicht gefunden worden waren, leer gegessen. Servietten lagen in Tischdekorationen, ein Weinglas stand inmitten des Kartoffelpürees.

Pauls Teller waren alle fast unberührt bis auf das, was sich Sarah von seinen Tellern gepickt hatte.

Paul war der einzige Mann, dessen Hemd noch immer bis zum obersten Knopf geschlossen war. Am benachbarten Zweiertisch saß nur noch ein leicht derangierter Mann, während der Kopf seiner Partnerin rasch unter das Tischtuch zurückgezogen wurde. Eine Frau in der hinteren Ecke warf sich hektisch ihr Oberteil über ihre entblößte Brust.

Paul tupfte sich noch immer das Panna Cotta aus dem Mundwinkel und sah erst aufgrund des Gelächters vom Nachbartisch, dass er Sarahs roten Spitzenslip in der Hand hielt.

»Ich fahr dann mal nach Hause zu meiner Mutter«, sagte Paul und huschte aus dem Raum, bevor Sarah etwas entgegnen konnte.

Dry aged Rib-Eye-Steak mit Pfefferkruste

Zutaten:

1 dry aged Rib-Eye-Steak (etwa 350 g schwer und 3,5 cm dick)

je ¼ Bund Kerbel, Petersilie und Schnittlauch

1 Stück Meerrettichwurzel (ca. 20 g)

100 g Créme fraîche

etwas Olivenöl, Salz, Pfeffer, Himbeeressig

je 10 g schwarze und weiße Pfefferkörner

sowie 3 g Szechuan Pfefferkörner

1½ EL Butterschmalz

1 EL Salzflocken bzw. grobes Salz

Alufolie

Zubereitung:

Das Fleisch 60 Min. auf Raumtemperatur bringen.

Inzwischen Kräuterblättchen abzupfen, kleinschneiden, Schnittlauch in Röllchen schneiden. Meerrettich schälen, fein reiben. Meerrettich und Kräuter unter die Créme fraîche heben, mit Öl, Salz, Pfeffer und Himbeeressig würzen. Pfeffer und Szechuanpfeffer im Mörser zerstoßen.

Ofen auf 180° C (Umluft weniger geeignet) vorheizen.

Das Steak dünn mit Butterschmalz einreiben. Den gestoßenen Pfeffer auf ein Backblech oder einen großen Teller geben und das Steak darin großzügig panieren und mit grobem Salz würzen.

Eine Pfanne vorheizen. Steak pro Seite 2 Min. scharf anbraten. Steak mittig auf einen Grillrost legen, ein Backblech unterschieben. Fleisch für 6-8 Min. auf der mittleren Schiene im vorgeheizten Ofen garen.

Fleisch aus dem Ofen nehmen und vor dem Anschneiden in Alufolie 3-5 Min. ruhen lassen.

Süßkartoffel-Stäbchen in Bierteig

Zutaten:

50 g Weizenmehl (Type 405)

20 g Maisstärke

4 g Backpulver, 1 Prise Salz

½ TL geräuchertes Paprikapulver

200 g Süßkartoffeln

edelsüßes Paprikapulver

1 Prise Cayennepfeffer

1 Ei (M)

75 ml helles Bier

ca. 1,5 l Pflanzenöl zum Frittieren

Zubereitung:

Mehl, Stärke, Backpulver, Salz, Paprikapulver und Cayennepfeffer in einer Schüssel vermengen. Eine Mulde ins Mehl drücken, das Ei hineingeben. Nach und nach unter Rühren mit einem Schneebesen das Bier dazugießen und alles zu einem glatten Teig verarbeiten.

Süßkartoffeln schälen, in lange, dünne Stifte (ca. 7x1 cm) schneiden. Süßkartoffelstifte zum Teig geben und gut damit vermengen. Das Pflanzenöl in einem Topf oder einer Fritteuse auf etwa 170° C erhitzen. Süßkartoffeln mit einer Gabel einzeln aus dem Teig heben und vorsichtig ins Öl geben, in 3-4 Min. knusprig ausbacken. Je nach Größe des Topfs bzw. Fritteuse in mehreren Durchgängen frittieren, damit die Kartoffelstäbchen nicht aneinanderkleben. Zwischendurch mit einem Holzlöffel vorsichtig durchrühren bzw. am Frittierkorb rütteln, um die Stäbchen voneinander zu lösen.

Eine große Schüssel mit Küchenpapier auslegen. Fertig Frittiertes aus dem Fett heben, abtropfen lassen, in die Schüssel geben, evtl. im Backofen bei 80° C warm halten. Mit Salz würzen.

Versuch oder Versuchung?

Carola hatte das Gefühl, sie hätte alles schon ausprobiert. Erst hatte sie eine Kontaktanzeige in der Wochenzeitung aufgegeben, die kostenlos in alle Briefkästen verteilt wurde, für sie aber natürlich alles andere als kostenlos war: ›Vollschlanke Vierzigerin mit pubertierendem Kind sucht Mitesser‹.

Niemand hatte sie auf die schlechte Wortwahl aufmerksam gemacht, und in ihrer gewohnt aufrichtigen Art war sie gar nicht auf die Idee gekommen, dass man dies missverstehen könnte. Als die Anzeige zum dritten Mal erschien, meldete sich endlich jemand. Sie verabredeten sich in der Eisdiele auf dem Hauptmarkt. Als sie sein über und über pickeliges Gesicht sah, tauchte sie unerkannt in ein gegenüberliegendes Geschäft unter.

Ihre Freundin Steffi lachte sie aus. Deren drei Kinder waren alle jünger als sieben, und Steffi schlug vor, stattdessen zu schreiben: Mein rechter, rechter Platz ist frei ...

Als sie merkte, dass sie Carola damit verletzte, nahm Steffi sie in die Arme und bot an, mit ihr gemeinsam einen Text für eine Partnervermittlung im Internet aufzusetzen.

Es gab mehrere Anbieter in unterschiedlichen Preiskategorien. Allzu viel konnte Carola als alleinerziehende Mutter nicht hinblättern, aber sie wollte eine Agentur mit einem gewissen Niveau, was sich letztlich auch im Preis ausdrückte. Alle elf Minuten wollte sie sich gar nicht verlieben, aber auch nicht nur für elf Minuten. Sie war bereit, ein wenig zu warten, dann aber den Mann fürs Leben zu finden, wenn es schon mit Max nicht geklappt hatte.

Für eine monatliche Pauschale gab es jetzt mehrere Interessenten, aber es stellte sich schnell heraus, dass Carolas Leidenschaft, köstliche Gerichte zu kochen, zwar auf Gegenliebe stieß, aber nur, um sich auf Carolas Kosten durchzufressen. Niemand wollte mit ihr Zutaten auswählen, über den Wochenmarkt streifen, stundenlang Saucen einreduzieren oder ähnliches.

Die Mutter einer Klassenkameradin ihrer Tochter war ebenfalls Single und schlug vor, sie könnten doch einmal gemeinsam zur Ü30-Party gehen. Carola tanzte nicht gerne, sie hasste es, wenn sie sich nach rechts wiegte, ihr Bauch aber noch links war und erst langsam nachkam. Rasch stellte sie fest, dass sie und diese andere Single-Frau sich nichts zu sagen hatten, was aber kaum auffiel, weil ihre Bekannte mit den bodenlangen Beinen und dem gürtelbreiten Rock fast ununterbrochen auf der Tanzfläche sein wollte, wo die Männer sie belagerten wie Wespen einen Pflaumenkuchen. Ein schüchtern aussehender Mann mit schütterem Haar rutschte ganz nah an Carola heran und erzählte, seine Mutter habe auch solche Titten gehabt, ob er die einmal anfassen dürfte. Als er Carolas erbosten Blick sah, entfernte er sich freiwillig. Ein anderer Mann suchte Carolas Nähe, aber als er fragte, ob sie sich nicht von den Weight Watchers kennen würden, verabschiedete Carola sich und entschied, dass Ringelpiez mit Anfassen auch nichts für sie sei.

Die Stadtwerke boten einen Dating-Bus an. Am ersten Samstag im Monat fuhr der Bus auf einer Überland-Linie, die sonst am Wochenende nicht befahren wurde, eine Strecke von einer Stunde hin und einer Stunde zurück. Er hielt an allen Bushaltestellen, die jedoch relativ weit auseinander lagen. Die Leute unterhielten sich im Stehen, setzten sich gegebenenfalls in einen Zweiersitz, um sich ausgiebiger kennenzulernen. Manche wurden schnell intim, standen Hand in Hand im Mittelgang oder beugten sich lachend gemeinsam über ein Handy, auf dem sie sich irgendetwas ansahen, was aufgrund des spiegelnden Displays nur in sehr geringer Distanz und nur im Schatten der Rückenlehne des Vordersitzes möglich war. Die Erfahrenen hatten Picknickdecken dabei. Sie stiegen an den Bushaltestellen aus und eine Stunde später wieder zu.

Carola hatte eine Kühltasche gepackt, in der sich selbstgemachte Sandwiches, Blätterteigpasteten und kleine Küchlein den Platz mit Minz-Limetten-Limonaden teilten. Sie hatte sich einen Sitz gewählt, aber niemand wollte neben ihr sitzen. Endlich kam ein sehr schlanker Mann an ihre Seite, warf einen Blick in ihre Tasche, suchte vergeblich nach Bier und schlug dennoch vor, an der nächsten Station auszusteigen. Als Carola die Tasche aus dem Bus gewuchtet hatte, stellte sie fest, dass er gar nicht mit aussteigen wollte. Sie drückte im letzten Moment den Knopf für den Kinderwageneinstieg, und der Bus neigte sich zur Bordsteinkante, sodass sie wieder einsteigen konnte.

Carola erkannte bei der zweiten Fahrt hintereinander, dass auch das keine Variante für sie war.

In der Wochenzeitung, in der Carolas missglückte Anzeige gestanden hatte, fand sie einen Aufruf für eine
Singlewanderung. Hier wurde angepriesen, dass es in der
unverkrampften, lockeren Atmosphäre einer kurzen
Wanderung einfach sei, Kontakte zu knüpfen. Sie trafen
sich an einem Wanderparkplatz, sechzehn Frauen und
sieben Männer. Der Weg war ausgeschildert und für jeden
Einheimischen sowieso leicht zu finden. Ziel war ein
Ausflugsgasthof, in dem man zwanglos etwas trinken
konnte, bevor man sich in der ganzen Gruppe oder paar-
weise auf den Rückweg machte.

Carola hatte dazugelernt. Sie hatte nichts zu essen mitgenommen, hatte stabile Wanderschuhe angezogen und
extra eine karierte Microfaser-Bluse gekauft, deren obersten Knopf sie verwegen offen ließ. Sie wunderte sich, dass
die anderen kein Outdoor-Outfit hatten. Die Damen tru-
gen zum Teil Flip-Flops, zum Teil sogar Absatz, die Herren
waren in Freizeitlook, aber nicht in Wanderkleidung. Ein
kurzatmiger Mittfünfziger gesellte sich zu Carola, der von
seinen Bienen und unterschiedlichen Honig-Qualitäten
sprach. Als es Carola zu langweilig wurde und der Weg
ein wenig bergab verlief, legte sie einen Schritt zu und
schloss zu einem Mann auf, der ihr schon am Parkplatz
aufgefallen war. Er hatte eine athletische Figur, dunkle
Locken und dunkelbraune, fast schwarze Augen, die einen
zu durchbohren schienen. Er musterte Carola, lächelte
und fragte etwas, was Carola an ihren letzten Spanienur-
laub erinnerte. Sie verstand aber leider kein Spanisch und
er kein Deutsch. Sie liefen eine Weile schweigend neben-

einander her, aber als der Weg leicht bergauf führte, wurde es Carola zu anstrengend und sie ließ sich zurückfallen. Sie zählte die Leute vor sich und erkannte schnell, dass sich alle sieben Männer vor ihr befanden.

Den Weg bis zum Lokal lief sie Seite an Seite mit einer sympathischen Rentnerin. Mangels Wegzehrung war Carola völlig ausgehungert und bestellte ein verlockend klingendes Steak in Biersauce, ohne zu berücksichtigen, dass die Bestellung aufgrund der voll besetzten Tische länger dauern könnte. Die anderen brachen schon wieder auf, als Carolas Essen noch nicht einmal gebracht worden war. Also schlenderte sie nach einer üppigen Mahlzeit alleine zurück zum Parkplatz, wo nur noch der Spanier und eine junge Frau standen, eng umschlungen und hungrig aufeinander. Sie lehnten gegenüber von Carolas Auto an einem Cabrio. Als Carola sich entschuldigte und gestenreich bat, ob sie mal eben in ihr Auto dürfe, antwortete der Spanier:

»Oh entschuldige, wir haben gar nicht darauf geachtet, ob wir jemanden stören könnten. Komm gut nach Hause«, wobei er Carola galant die Wagentür aufhielt.

Langsam sah Carola ein, dass der Fokus ihres Lebens nicht mehr auf ihrer Tochter und dem Essen liegen dürfte. Sie müsste ein wenig offener werden und vor allem um einiges schlanker. Sie beschloss, sich einer Diät-Gruppe anzuschließen, die sich jeden Mittwoch im Fitness-Studio traf. Sie besprachen Ernährungsgewohnheiten, die Wirkungsweise von Kohlenhydraten und Fetten und wie sich Zucker durch Ersatzstoffe reduzieren ließe.

»Hast du am Freitagabend schon etwas vor?«, fragte Benedikt, als er die Anwesenheitsliste an Carola weiterreichte. Carola nickte stumm.

»Und am Samstag?«

Es stand ein Papa-Wochenende bevor, Carola hätte keine Verpflichtungen.

»Wenn du Lust hast, würde ich gerne für dich kochen. Notfalls kalorienreduziert, aber gerne auch etwas schmackhafter«, schlug Benedikt vor.

Er wollte kochen, das war ja noch besser. Das hieß, er hatte keine Frau zu Hause, und er hatte Geschmack. Nach kurzem Zögern willigte Carola ein. Sie gab ihrer Freundin Steffi Benedikts Adresse für den Fall, dass sie nie wieder auftauchen würde. Dann wüsste Steffi wenigstens, wer sie als letztes lebend gesehen hätte.

»Mensch, Carola, manchmal bist du wirklich eine alte Bedenkenträgerin. Lass dich doch einfach mal verwöhnen«, riet ihr ihre beste Freundin, aber Carola blieb skeptisch.

Den Samstagnachmittag verbrachte Carola in der Badewanne und vor dem Spiegel. Sie konnte sich nicht entscheiden, was sie anziehen sollte. Sie sah in allem unförmig aus. Aber das wusste Benedikt ja schon, was erwartete er denn von einer Frau, die er im Abnehm-Programm des Fitness-Studios kennengelernt hatte? Er brauchte nicht glauben, dass sie heute Abend auf einmal aussah wie Aphrodite, wo sollte das denn so plötzlich herkommen? Was hatte Benedikt denn für Vorstellungen?

Carola war so aufgeregt, dass ihr alles falsch erschien und sie sich bei der Wahl ihrer Kleidung, ihrer Schuhe, des Lidschattens und sogar der Handtasche noch einmal umentschied und darum erst zwanzig Minuten zu spät bei Benedikt klingelte. Benedikt wohnte in einer ruhigen Gegend mit netten Stadtwohnungen, nichts Übertriebenes, aber sehr geschmackvoll. Er öffnete die Tür mit einem einladenden Lächeln. Bevor er etwas sagen konnte, sagte Carola: »Du brauchst mir gar keine Vorwürfe zu machen, ich weiß auch so, dass ich zu spät komme.«

Benedikt schluckte, blieb aber gleichmütig. »Ich habe mich an der Vorspeise länger aufgehalten, als ich erwartet hatte, ich bin gerade erst fertig geworden. Dein Timing ist also ganz wunderbar, komm rein.«

Er nahm Carola die Jacke aus der Hand, die sie für den Heimweg mitgenommen hatte, und bat sie ins Wohnzimmer. Benedikt wirkte wie ein gemütlicher Teddybär mit seinen blonden Löckchen und den Sommersprossen. Er war fast zwei Meter groß und sicher fast vier Zentner schwer, wodurch seine Einrichtung etwas zu klein geraten wirkte.

»Magst du einen Aperitif?«, fragte Benedikt und zeigte auf einen Sektkühler, den er mit zwei Sektflöten auf einem Beistelltisch bereitgestellt hatte.

»Danke, aber ich muss noch fahren«, wehrte Carola ab. Wollte er sie gefügig machen? Was war wohl seine Absicht bei dieser Einladung?

Carola sah ihm die Enttäuschung an, aber sie wollte nicht einknicken. Benedikt fing sich aber schnell wieder.

»Dann lass uns doch am Esstisch Platz nehmen, ich habe Nudeln mit Meeresfrüchten vorbereitet, die sollten nicht lange stehen. Einen Wein dazu oder lieber nur Wasser?«

Carola erklärte, sie wolle generell keinen Alkohol, auch wegen der Fettverbrennung, nicht nur wegen des Fahrens. Benedikt stellte beide Weingläser, die er gedeckt hatte, in den Schrank zurück und goss Carola Wasser aus einem Kristallkrug ein.

Carola genoss es, sich an den gedeckten Tisch zu setzen und diese köstliche Vorspeise zu essen, fragte sich aber, was er wohl mit Meeresfrüchten bezweckte. Bekanntlich förderten sie die Lust, ging es also doch eher um ein Vorspiel als um eine Vorspeise?

Als zweiten Gang hatte Benedikt eine Spargelsuppe gekocht. »Die hat nicht viele Kalorien und passt gut in die Zeit«, erklärte er und stellte einen duftenden Teller vor Carola, den er mit frischgehackten Kräutern dekoriert und mit einem Klecks kalorienreduzierter Sahne abgerundet hatte.

Die Suppe war vorzüglich, auch wenn sie etwas salzarm war, aber sehr fein mit Kräutern abgeschmeckt.

Spargel galt ebenfalls als Aphrodisiakum. Es wurde Carola unheimlich, dass er ihr ein erotisierendes Menü gezaubert hatte, obwohl sie sich nicht vertraut waren. Das war eine Unverschämtheit. Sie hatte ihm in keiner Weise Avancen gemacht, warum hatte er da etwas hineininterpretiert, was sie ihm nie angeboten hatte?

Als Hauptgang gab es Rindfleisch mit Artischocken und Rosmarinkartoffeln. Das Fleisch war außergewöhnlich zart und hervorragend gewürzt. Carola aß einschließlich der Dekoration alles auf.

Sie unterhielten sich vor allem über Essen. Benedikt erzählte, dass er nie so viel an Essen denken müsste wie während einer Diät. Es sei fast schon zwanghaft, sobald er auf etwas verzichten sollte.

»Wenn du über Dinge sprechen möchtest, auf die du verzichten musst, dann sollten wir über Sex sprechen«, schlug Carola unvermittelt vor.

Benedikt erstarrte mitten in der Bewegung.

»Ich weiß ja nicht, was du mit diesem Liebesmenü bezweckst, aber ich habe dich zu nichts ermuntert. Du lädst mich einfach zum Essen ein, kochst, als wolltest du unbedingt heute Nacht noch mit mir ins Bett, dabei kennen wir uns kaum. Ich konnte mir vor dem Blick auf dein Klingelschild nicht einmal merken, ob du Benedikt oder Benjamin heißt. Wir haben keine Gemeinsamkeit außer unserem BMI, was soll das also?«

Benedikt ließ sein Besteck sinken und vermied Carolas Blick. Es dauerte eine Weile, bis er den Kopf hob und ihr fest in die Augen sah, lange schweigend.

»Es gab überhaupt keinen Hintergedanken bei diesem Essen, außer dass ich wissen wollte, wie diese hübsche Frau aus dem Kurs wohl aussieht, wenn sie einmal lächelt. Ich wollte dich mit einem leckeren Essen verwöhnen, mich gut mit dir unterhalten und einen Grund haben, mich auf das nächste kalorienzehrende Training zu freuen. Ich wollte einfach nur nett sein und einmal nicht alleine am Tisch sitzen. Die Leute zeigen im Restaurant mit Fingern auf mich. Am Buffet wurde ich neulich gefragt, ob ich jemanden vorlassen könnte, weil er wohl Angst hatte, hinter mir nicht mehr genug zu bekommen. Darum esse ich lieber zu Hause, statt eine Frau unverfänglich ins Restaurant einzuladen.«

Carola schwieg. Sie nahm ihm nicht die Last seiner Beichte, sie versuchte auch nicht, all das zu beschönigen, sie lachte nicht. Sie reagierte gar nicht. Sie fragte sich nur noch immer, warum Benedikt all diese erotisierenden Zutaten ausgewählt hatte. Wollte sie ihn eigentlich auch?

»Ich hatte noch eine Creme mit gemischten Beeren vorbereitet, du kannst mir das Schüsselchen beim nächsten Abnehm-Treffen wiedergeben«, sagte Benedikt und ging in die Küche. Auf dem Weg über den Flur griff er Carolas Jacke und hielt ihr beides entgegen.

*

Eine Woche später blickte Benedikt der Frau hinterher, die gerade die Treppe hinabstieg und sich im Gehen noch einmal zu ihm umwandte, um ihm lächelnd zuzuwinken.

Sobald er die Wohnungstür geschlossen hatte, griff Benedikt zu seinem Handy und rief seinen Freund an.

»Hey Pascal. Du weißt doch, letzte Woche mit dieser unförmigen Carola, das war ja gar nichts. Für gestern hatte ich Yvonne eingeladen, auch aus dem Kurs. Wir haben erst einmal einen Sekt getrunken oder auch zwei. Bei den Nudeln mit Meeresfrüchten hat sie schon die Schuhe abgestreift und sich von mir unter dem Tisch die Füße massieren lassen. Zur Suppe hat sie das Jäckchen ausgezogen, das sie über ihrem Top getragen hat. Die Artischockenblätter hat sie mir aus der Hand gelutscht. Das Dessert haben wir uns dann auf der Couch halb im Liegen gegenseitig gefüttert, aber nach dem Frühstück musste sie leider weg.«

Er hielt einen Moment lächelnd inne.

»Nein, keine weiteren Details, aber mein Angebot steht. Bei dieser Fetten von letzter Woche lag es also gar nicht daran, dass mein erotisches Menü nicht funktioniert. Die hatte wahrscheinlich nichts anderes zu tun als zu lesen und hatte wohl durchschaut, wie mein Liebesmenü funktioniert und konnte daher bewusst dagegen steuern. Die war einfach nur spröde und hat bloß ans Fressen gedacht. Du kannst das also der Schnuckeligen, die du neulich kennengelernt hast, gut vorsetzen. Ich habe die Rezepte alle zweimal getestet. Sie schmecken echt gut und jetzt bin ich sicher, dass die Zutaten wirken. Ich koche dir also die einzelnen Gänge und lege dir Zettel und Fotos dazu, damit du weißt, wie du das Essen anrichten sollst. Du musst es dann nur noch servieren und den Abend genießen.«

Gratinierte Austern mit Blattspinat und Sauce Hollandaise

Zutaten:

8 Austern (z.B. Sylter Royal oder Fines de claire)

250 g junger Blattspinat (Babyspinat)

2 Eigelb

ca.150 g geklärte Butter (siehe Zubereitung)

40 ml Weißwein

1 Spritzer Zitrone, Salz, weißer Pfeffer aus der Mühle

Besondere Materialien:

Austernmesser, Küchenhandtuch

Optional: Kettenhandschuh

Zubereitung:

Austern mit der gewölbteren Seite nach unten vorsichtig mit dem Austernmesser öffnen, Schalenrand säubern und mit einer Gabel die Auster auslösen. Die geöffneten Austern auf Eis kurz zwischenlagern.

Blattspinat waschen, grobe Stiele entfernen und in einem Topf mit Deckel bei mittlerer Hitze mit einer Prise Salz in eigenen Saft zusammenfallen lassen. Anschließend in einem Sieb abtropfen lassen. (Sollten Sie nur Feldspinat bekommen, sollten Sie nur die zarten Blätter verwenden und auf jeden Fall die Stiele entfernen!)

250 g Butter in einem Stieltopf erwärmen und für mehrere Minuten sanft aufkochen. Dabei mit einem Löffel vorsichtig den entstehenden Schaum (Molke, Verunreinigungen) abschöpfen. Außerdem hat sich das Wasser vom Butterfett getrennt und am Topfboden abgesetzt. Die geklärte Butter jetzt vorsichtig in eine Schale abgießen, ohne dass das Wasser vom Topfboden mit in die Schale gelangt.
Weißwein in einen Stieltopf geben, Eigelbe dazu geben und mit einer Prise Salz und etwas weißem Pfeffer bei geringer Hitze mit dem Schneebesen schaumig schlagen. Herd abschalten und dann unter ständigem Schlagen langsam die warme, geklärte Butter einarbeiten, bis die Hollandaise bindet. Mit einem Spritzer Zitronensaft abschmecken.

Den Ofen auf Grillfunktion schalten (275°).

Die Austern in eine feuerfeste Form oder in feuerfeste Portionsförmchen legen. Blattspinat auf die Austern geben, jeweils etwas Hollandaise darüber träufeln, mit Pfeffer würzen. Dann die Austern im Ofen für wenige Minuten gratinieren.

Zink

Sexualhormone beeinflussen unsere Lust, aber auch die Produktivität von Spermien und die Standfestigkeit einer Erektion.

Zink erhöht die Spermienproduktion sowie die Produktion von Testosteron. Außerdem reduziert es die Bildung von Prolaktin, das sich negativ auf die Erektionsfähigkeit auswirkt.

Testosteron kommt sowohl bei Männern als auch bei Frauen in unterschiedlicher Konzentration vor, daher wirken Elemente wie Zink auf beide Geschlechter.

Ein erwachsener Mann benötigt täglich 15 mg Zink. Sexuell aktive Männer sollten auf die regelmäßige Zufuhr von Zink in der Nahrung achten, denn eine Ejakulation verbraucht davon schon etwa 5 mg Zink.

Austern

Die Auster ist wohl das bekannteste Aphrodisiakum, da Casanova sich damit gebrüstet hat, täglich 50 Austern zu essen. Dabei hätte eine einzige Auster genügt, um den Tagesbedarf an spermabildendem Zink zu decken.

Darüber hinaus enthalten Austern Asparaginsäure und N-Methyl-D-Aspartat, was sich neben Testosteron auch auf eine vermehrte Ausschüttung von Östrogen auswirkt.

Aus dem Meer

Kaviar, Lachs, Makrelen, Thunfisch und Karpfen haben neben anderen anregenden Wirkstoffen einen hohen Zink-Gehalt. Garnelen, Miesmuscheln oder Venusmuscheln sind ebenfalls empfehlenswert, da die Aminosäuren in Schalentieren die Aufnahme von Zink fördern.

Außerdem enthält Fisch Omega-3-Fettsäuren, die überall im Körper die Durchblutung anregen. Schon 85 g Lachs täglich helfen, das Wohlfühl-Hormon Dopamin zu bilden.

Rindersteak

Ein typisches Lieblingsessen für Männer ist Rindersteak, gerne gegrillt. Rotes Fleisch enthält 6,1 mg Zink/100g, also reicht ein 250 g-Steak, um den Tagesbedarf zu decken. Darüber hinaus werden die Dopamin- und Norepinephrinbildung im Gehirn angeregt, was zu mehr Erregung führt. Der Genuss von rotem Fleisch erhöht nicht nur die Testosteronproduktion, sondern senkt auch die Bildung von sexualhormon-bindendem Globulin, einem Protein, das Testosteron für den Körper unbrauchbar macht.

Leber

Kalbsleber enthält 8,4 mg Zink pro 100 g. Tierische Spurenelemente kann unser Körper besser aufnehmen als pflanzliche.

Getreide, Nüsse und Kerne

Kürbiskerne enthalten 7 mg Zink/100g, Weizenkleie sogar 13,3 mg. Pflanzliche Spurenelemente werden vom Körper in Kombination mit tierischen Produkten wie Jogurt oder Milch aufgrund ihrer Aminosäuren besser verwertet. Ebenfalls empfehlenswert sind Mandeln oder Pinienkerne. Getreide, Nüsse und Kerne enthalten außerdem hohe Mengen an Vitamin B_3 und durchblutungsfördernden Omega-3-Fettsäuren.

Paranüsse enthalten darüber hinaus Selen, was Spermien gesünder und schneller werden lässt.

L-Arginin ist in Pistazien und Walnüssen enthalten. Es verbessert die Stickoxid-Produktion und erhöht nicht nur das Gefühl der Befriedigung und des Begehrens, sondern auch die Orgasmusfähigkeit. Ein freier Blutfluss sorgt für eine optimale Versorgung mit Sauerstoff und Nährstoffen und einen gesunden Blutdruck. Ähnlich wie durch Viagra oder Nitrospray werden die Adern kurzfristig geweitet. Umgekehrt führen verengte Adern und Kalkablagerungen zu Erektionsstörungen.

Außerdem regt es die Progesteronbildung an und sorgt vor allem bei Frauen für Ruhe und Ausgeglichenheit und somit mehr Spaß im Bett.

Milchprodukte

Milchprodukte enthalten zwar nicht übermäßig viel Zink, helfen aber, Zink gut zu verwerten. Hartkäse wie Edamer (4,6 mg) oder Gouda (3,9 mg Zink) können erektionsfördernd sein.

Spargel

Spargel weckt nicht nur aufgrund seiner Form Assoziationen und gilt daher als Aphrodisiakum, er enthält auch viel Zink sowie Phytohormone und Vitamin E, das die Libido steigern kann.

Cynarin

Bevor es zum Dessert geht, muss ein ganz besonderer Stoff erklärt werden. Niki Segnit erklärt: »Cynarin blockiert die Süsse-Rezeptoren in den Geschmacksnerven vorübergehend, und zu arbeiten beginnen sie erst wieder kurze Zeit später, wenn man etwa auf einen Bissen Artischocke einen Schluck Wasser folgen lässt, sich so die Verbindung von der Zunge spült, und dann der jähe Kontrast das Gehirn zu der irrtümlichen Annahme verleiht, man habe gerade einen Mundvoll Zuckerlösung geschluckt.« Daher sollte man also genau bedenken, an welcher Stelle in einem Menü man Artischocke einsetzen möchte. Ein Dessert oder Wein mag manchem nach Artischocken unangenehm süß erscheinen.

Artischocken

Artischocken senken die Blutfettwerte, beugen Arteriosklerose vor und regen den Appetit an. Außerdem schützen sie die Leber und erhöhen die Galleproduktion. Sie enthalten aber auch pflanzliche Östrogene, die die weibliche Östrogenausschüttung positiv beeinflussen.

Ein weiteres Zitat von Paul Roby von 1888 erklärt an dieser Stelle, warum der Genuss von frischen, ganzen Artischocken nicht nur aufgrund der Inhaltsstoffe, sondern alleine aufgrund des langsamen und bewussten Essens auch ein lustvolles Essen sein kann:

»Die Artischocke, auch wenn sie bei manchen unangebrachte Frühlingsgefühle provozieren mag, ist im Grunde die dornige Krone des protestantischen Lebens, in dem jedes bisschen Vergnügen vorab verdient werden soll. Erst sticht man sich an den scharfen Spitzen die Finger wund, dann nagt man eine halbe Ewigkeit lang imaginäre Delikatessen von quietschenden Blättern ab, wühlt sich schließlich durch eine Barriere aus dichtem Stroh, um endlich erschöpft vor dem Herzen der Dame anzulangen – zwei oder drei vergnügliche Bisschen, und schon ist alles vorbei. Man versteht die Katholiken, denen der Zweck solcher Präambeln nicht einleuchten will. Sie reißen sofort alles weg, was nicht zum Herzen gehört, und sind so im Nu bei der Sache.«

Eine viel profanere Erklärung ist, dass im (eher katholischen) Süden Artischocken in großer Menge gleichzeitig reif werden und man daher nicht mühsam die Blätter isst, sondern die fertigen Böden auf dem Markt zu kaufen bekommt.

4. Gang:

Rotweinbirnen mit Zimtcreme an weißem Schokoladen-Himbeer-Traum

Zutaten:

2 Birnen

100 ml Rotwein

1 EL brauner Rohrzucker

80 g Mascarpone

2 EL Milch

½ TL Zimt

1 EL Zucker

50 g weiße Schokolade

100 ml Sahne

75 g Himbeeren

1 EL Himbeergeist

½ EL Puderzucker

Besondere Materialien: 2 kleine Dessertgläser

Zubereitung:

Möglichst am Abend vorher vorbereiten:

Schokolade in kleine Stücke brechen, mit der Sahne in eine Kasserolle geben und bei milder Hitze schmelzen. Wichtig ist, dass das Ganze nicht kocht. Über Nacht im Kühlschrank ruhen lassen, mindestens aber 1 Stunde.

Die Himbeeren in Himbeergeist und Zucker marinieren. Die Sahnemischung mit dem Mixer aufschlagen und zusammen mit den Himbeeren (einen kleinen Rest als Garnitur aufbewahren) in kleine Gläser füllen. Für 30 Minuten kalt stellen.

Die Birnen vierteln, vom Kerngehäuse befreien und in dünne Scheiben schneiden. Den Rotwein mit dem Zucker in einem Topf aufkochen lassen. Die Birnenspalten hinzufügen und in etwa 5 Min. weich kochen, dann aus dem Wein nehmen und auf 2 Teller verteilen. Den Wein bei starker Hitze zu Sirup einkochen, dann durch ein Sieb gießen und über die Birnen träufeln.

Für die Creme die Mascarpone mit Milch, Zimt und Zucker verrühren und neben den Birnenspalten anrichten. Die kleinen Gläser mit Himbeeren garnieren und auf die Teller mit Birnen stellen.

Die Gläser kann man mit einem Stück Rohmarzipan auf dem Teller fixieren.

Kochduell

»Bislang war das doch ein richtig schöner Abend, nicht wahr, Lisa – ich darf doch Lisa sagen? Ich bin Jürgen.« Er tupfte sich den Mund mit der Serviette ab, strich sich eine verwegene, graumelierte Haarsträhne hinter das rechte Ohr zurück und reichte ihr förmlich die Hand. Sie lächelte und drückte die Hand mit ihren langgliedrigen, schlanken Fingern.

»Ich liebe diese Firmenfeiern, bei denen man Kollegen kennenlernt, die man sonst nie zu sehen bekommt. Ich war noch so lange in der Redaktion, am Tisch meiner direkten Kollegen war kein Platz mehr, aber dieser Platz ist sowieso viel charmanter. Ich habe dich noch nie gesehen?«, sagte Jürgen.

Lisa ließ den Blick schweifen, die meisten hier kannte sie nicht.

»Ich bin seit fast einem Jahr dabei, meine erste Stelle nach der Uni. Kulturredaktion, also meistens irgendwo vor Ort. Und Sie – äh du?«

»Essen und Trinken.«

»Das ist ja wirklich ein Zufall, ich habe mich eben auf die interne Ausschreibung beworben«, sagte Lisa und errötete leicht. Ihre Hände hielten sich an einem leeren Wasserglas fest, das Jürgen aufmerksam nachfüllte.

»Schade, ich habe die Mail noch gar nicht gesehen. Aber wie wäre es mit einem praktischen Bewerbertraining? Mir ist heute Abend schon aufgefallen, wie viel Wert du auf gutes Essen legst. Letztes Jahr hat es mich neben einen Kollegen verschlagen, der Friséesalat für überflüssigen, neumodischen Kram hielt. Hast du am Wochenende schon was vor?«

Lisa zögerte. Sie fingerte ihr Handy aus der Tasche, um Zeit zu gewinnen, wusste aber genau, dass für morgen nichts in ihrem Kalender stand. Sie wollte diesen Job, aber sie hatte auch Gerüchte gehört, warum die Stelle zum fünften Mal, seit sie hier arbeitete, ausgeschrieben war.

Jürgen griff ihre unbenutzte, hellgelbe Serviette und kritzelte seine Anschrift und seine Handynummer darauf.

»Ich erwarte dich morgen um 19 Uhr. Dann können wir gemeinsam kochen. Ich schlage vor, jeder bereitet eine Vorspeise, einen kleinen Hauptgang und ein Dessert vor. Dann ist jeder für die Zutaten verantwortlich. Lass dir etwas Ausgefallenes einfallen.«

Der DJ trat ans Mikrofon und erklärte die Tanzfläche für eröffnet. Lisa entschuldigte sich, sie müsse zur Toilette, und entwand sich damit Jürgens Griff, der bereits ihr Handgelenk umschlossen hatte. Sie führte im Foyer ein kurzes Gespräch mit zwei Kolleginnen und verabschiedete sich.

Kurz vor sieben parkte Lisa vor der angegebenen Adresse. Sie fand Jürgens Klingelschild, vierter Stock links verriet die Anordnung. Zum Glück gab es einen Aufzug, sodass Lisa nicht alles nach oben schleppen musste.

Jürgen hatte schon an der Sprechanlage sehr erwartungsvoll geklungen. Als der Aufzug stoppte, zog er die Tür auf und breitete die Arme aus, um Lisa zu umarmen, aber die drückte ihm ihre Klappkiste in die Hand. Sein graugrün gemustertes Hemd war einen Knopf zu weit offen, unter den dunkelblauen Bermudas war er barfuß. Er stellte die Kiste in den Flur und küsste Lisa rechts, links und wieder rechts.

»Eine französische Begrüßung passt ja wunderbar zur Gourmet-Küche. Ich freue mich, dass du so spontan bist, das ist schon mal eine gute Voraussetzung für unsere Abteilung. Ich hoffe, es war nicht zu stressig für dich, die passenden Zutaten für heute zu besorgen? Du solltest dir ja nicht zu viel Mühe machen.«

Lisa lächelte geheimnisvoll. »Das meiste hatte ich sowieso im Haus. Den Rest gab es auf dem Wochenmarkt. Ich habe auch nichts zu Exotisches vorbereitet, es ist doch gerade die gute Hausmannskost, die etwas verfeinert dem Gaumen schmeichelt, nicht wahr?«

Jürgen gab sich enttäuscht. »Wie schade, ich hatte gedacht, wir spielen ein kleines Spiel. Lass uns einen Champagner auf dem Balkon nehmen, und ich erkläre es dir.«

Lisa bat darum, einige Dinge kalt stellen zu dürfen, und Jürgen drängte sich mit ihr in die kleine Küche, um ihr behilflich zu sein. Als sie die Kühlschranktür öffnete, spürte sie Jürgens Nähe, der in dem kleinen Raum nicht zurückwich. Stattdessen griff er an ihr vorbei nach einer Flasche und streifte dabei wie zufällig ihre Brust. Lisa erhaschte einen Blick auf das Etikett, bevor Jürgen die Flasche in eine Eismanschette steckte. Er schloss die Kühlschranktür und bat Lisa, ihm zu folgen.

»Ach, ich war unaufmerksam, möchtest du vielleicht ablegen?«, fragte Jürgen, aber Lisa wollte die dünne Bluse über ihrem Top gerne als Sonnenschutz anlassen.

»Bist du also bereit für ein Spiel?«

Lisa lächelte. »Ich spiele immer gerne, aber ich bin eine schlechte Verliererin. Gibt es auch einen Gewinn?«

»Du kannst gar nicht verlieren. Wenn ich gewinne, ist dir als Trost die Stelle in unserer Abteilung sicher«, erklärte Jürgen geheimnisvoll.

»Wo ist dann dein Nutzen?«, fragte Lisa.

»Ich kann dich als Mitarbeiterin gewinnen, das klingt doch nach dem ersten Preis. Komm, lass uns einen Champagner darauf trinken.«

Er ließ den Korken knallen und goss beide Gläser zu voll.

Lisa fragte sich, ob das der erste Test sein sollte. Sie nippte an dem Glas und sagte: »Ich finde das Feinperlige bei Champagner immer sehr flüchtig, da ist mir dieses intensivere Moussieren von Crémant wirklich lieber.«

Jürgen hob irritiert eine Augenbraue. »Ich sehe, ich habe eine kompetente Feinschmeckerin gefunden. Dann kommen wir doch zu den Spielregeln, auch wenn die erste Runde somit leider schon vorbei ist.« Er leerte sein Glas in einem Zug und goss sich nach. »Jeder Gang sollte eine besondere Zutat aufweisen, die der andere erraten muss. Errät er sie nicht, muss er ein Teil ausziehen. Errät er sie, muss der, der gekocht hat, ein Teil ausziehen.«

Lisa fragte sich, wie vielen Frauen er dieses Spiel schon vorgeschlagen hatte. Wer in dem Moment ging, hatte kein

Interesse an dem Job. Wer keine Ahnung von kochen hatte, wusste jetzt, worauf er sich einließ, um den Job zu bekommen. Lisa freute sich auf einen schmackhaften Abend und ahnte, wer gewinnen würde.

»Ich habe Hunger, hast du eine warme oder kalte Vorspeise vorbereitet?«, fragte Lisa und stand auf.

»Ich schlage vor, wir beginnen mit meinem Salat«, sagte Jürgen und ging am schwarzrot gedeckten Esstisch vorbei zur Küche.

»Ich würde dir ja helfen, aber dann könnte ich im Vorfeld schon etwas sehen, das reduziert die Herausforderung«, sagte Lisa und entschied, in der Abendsonne auf Jürgen zu warten.

Jürgen versprach, es würde schnell gehen, er habe schon alles vorbereitet, was vorzubereiten möglich war.

Lisa verzichtete auf ein weiteres Glas Schaumwein und bat um einen trockenen Weißwein. Sie lobte, wie appetitlich der Salat aussah und legte sich schützend eine Serviette auf ihren Rock. Sie pickte einzelne Rucola-Blätter auf und freute sich an dem phantasievollen Einsatz von Kräutern.

»Na, was kannst du schmecken?«, fragte Jürgen herausfordernd.

Lisa zögerte. »Wie kann ich wissen, dass ich auch wirklich die richtigen Zutaten nenne? Da wir keinen unabhängigen Schiedsrichter haben, müssen wir das anders lösen. Jeder schreibt die Zutaten des Gangs, den er vorbereitet hat, auf, und anschließend können wir das abgleichen.«

Jürgen schien enttäuscht, aber Lisa hatte bereits ihre Handtasche geöffnet und zog Papier und Stifte darauf hervor und reichte auch Jürgen Schreibmaterial. Er zog sich unter dem Vorwand, die Lesebrille läge in der Küche, zurück, und kam wenig später mit einem gefalteten Zettel wieder.

»Also gut, offensichtlich ist natürlich Rucola. Man sucht vergeblich den Chicorée, dessen Geschmack man ahnt. Aber da die Bitterkeit fehlt und du einige Blättchen nicht klein genug geschnitten hast, denke ich, du hast jungen Löwenzahn genommen und untergehoben. Sehr raffiniert.«

Jürgen sah sie mit offenem Mund an und reichte ihr seinen Zettel. »Kompliment, das hat noch niemand herausgeschmeckt.«

Lisa lächelte verschmitzt. »Das kostet dich dein Hemd.«

Langsam öffnete Jürgen Knopf für Knopf und ließ eine bleiche, graubehaarte Brust sehen.

»Ich bin dann mal in der Küche, es wird zwölf Minuten dauern«, kündigte Lisa an. Jürgen schmollte, das sei ihm zu lange ohne sie, aber Lisa war unerbittlich. Das sei die Zeit, die sie brauche, auch wenn das Essen weitestgehend vorbereitet sei, aber die Nudeln könnten nicht schneller kochen.

Jürgen wollte mit in die Küche und erst jetzt stellte Lisa fest, dass es gar keine Tür gab, die sie hinter sich schließen konnte.

»Ich verstehe ja nicht, wie Frauen auf so hohen Schuhen kochen können, möchtest du die nicht lieber ausziehen?«, schlug Jürgen vor, aber Lisa erklärte, aufgrund ihrer geringen Größe habe die Arbeitsplatte für sie eine viel angenehmere Höhe, wenn sie die Schuhe trage.

»Ich hatte doch schon gesagt, ich bin eine schlechte Verliererin, also gib mir bitte eine Chance«, bettelte sie, womit sie Jürgen tatsächlich erweichen konnte.

Exakt zwölf Minuten später trug Lisa zwei Teller duftender Spaghetti mit Meeresfrüchten an den Esstisch. Jürgen schnupperte an der rosafarbenen Sauce und kommentierte Muscheln und Tintenfische. Lisa hatte Baguettescheiben dazu gereicht, und Jürgen tunkte jeden Tropfen Sauce auf.

»So, zurück zum Spiel. Was war die geheimnisvolle Zutat?«, wollte Lisa wissen.

Jürgen vermutete, dass die kleingeschnittenen Kräuter den besonderen Geschmack ausmachten, er tippte sogar auf Algen. Aber Lisa faltete ihren Zettel so, dass er lesen konnte, dass es sich hierbei um Basilikum handelte.

Nach zahlreichen weiteren Versuchen fragte Lisa, ob es eigentlich auch eine Obergrenze an Tipps gäbe.

»Na gut, ich gebe mich geschlagen. Was war es?«, fragte Jürgen.

Lisa zog eine kleine Flasche aus der Handtasche und stellte sie vor Jürgen auf den Tisch.

»Anisschnaps?«, fragte er ungläubig. »Darauf wäre ich nie gekommen.«

»Du solltest nicht mit einer schlechten Verliererin spielen. Die Hose bitte.«

Jürgen öffnete den Knopf und der Bund sprang unter der eng geschnittenen Hose auf. Jürgen schälte sich aus seinen Bermudas und stand in einem knappen, schwarz-silbernen Slip vor Lisa.

»Ich bin gespannt, was der nächste Gang ist. Vergiss nicht, die Zutaten zu notieren«, sagte Lisa und schrieb ihrerseits die Zutaten ihres Hauptgerichtes auf einen Zettel.

Jürgen hantierte geräuschvoll in der Küche, während Lisa sich die Buchrücken im Wohnzimmer ansah und einen Blick ins CD-Regal warf. Sie tippte etwas auf ihrem Handy, als Jürgen nach einer angemessenen Zeit mit zwei Tellern zurückkehrte. Seine Hose war ausgebeult, als er den Hauptgang vor Lisa stellte, die das geflissentlich übersah.

Sie fächelte sich mit der Serviette Luft zu, bevor sie sie auf ihren Schoß legte.

»Kalbsschnitzel, sehr lecker«, kommentierte sie. »Der Estragon-Geschmack ist unverkennbar, aber ich kann nicht erkennen, was diese Süße der Sauce ausmacht.« Lisa tupfte die Sauce mit einer Dauphinkartoffel auf, die zu gleichmäßig war, um selbstgemacht zu sein.

Jürgen grinste siegessicher. »Du gibst schon auf?«

Lisa nickte ergeben.

»Feinstes Lübecker Marzipan.«

Wortlos entledigte sich Lisa ihrer Bluse, unter deren Armen sich schon Schweißränder gebildet hatten.

»Nur die Bluse ist ein bisschen wenig, findest du nicht auch?«, fragte Jürgen fordernd.

Lisa lächelte ergeben und ließ ihre Pumps polternd auf den Laminatboden unter den Tisch fallen.

»Dann bin ich auf deinen Gang gespannt«, sagte Jürgen zerknirscht.

Lisa bat um wenige Minuten Zeit und verschwand vor Jürgens gierigen Blicken.

Wenig später servierte sie dünne Minutensteaks vom Rind in dunkler Sauce mit einem lilafarbenen Püree und Zuckerschoten. Jürgen zog rasch die Hände unter dem Tisch hervor und versuchte, sich die Serviette in den Schoß zu legen, die aber zu Boden glitt. Er stieß sich den Kopf, als er sie unter dem Tisch hervorzog, wo sie auf Lisas Schuhen liegengeblieben war.

»Tut mir leid«, sagte Lisa bedauernd und wünschte guten Appetit.

Jürgen war stolz auf sich, als er mit geschlossenen Augen die lilafarbene Masse zum Mund führte und als Kartoffelpüree erkannte.

»Chapeau, eine gute Technik, den Blick abzuschalten und sich auf den Geschmack zu konzentrieren. Vitelotte, blaue Kartoffeln. Sehr gut«, lobte Lisa.

»Dafür kann ich aber schon ein wenig verlangen«, sagte Jürgen und leckte sich über die Lippen.

»Wärst du mit dem BH einverstanden?«, fragte Lisa.

Jürgens lüsterner Blick strafte sein Zögern Lügen.

Lisa griff hinter sich, öffnete den BH-Verschluss und nestelte den BH unter ihrem Top hervor.

»Das ist unfair«, empörte sich Jürgen.

»Wir haben die gleichen Chancen. Welche Zutat ist in der Sauce?«, fragte Lisa unnachgiebig.

Jürgen brauchte die Augen nicht zu schließen, man konnte der durchpassierten Sauce keine Zutaten ansehen. Er erkannte eingekochte Schalotten, nicht aber den Geschmack von Waldlakritz.

»Auch Engelsüß genannt, gewonnen aus dem gewöhnlichen Tüpfelfarn. Ist das Spiel zu Ende, wenn einer nackt ist? Dann habe ich wohl gewonnen«, sagte Lisa lächelnd.

»Du hast einen Etappensieg errungen, aber noch nicht das Match gewonnen«, konterte Jürgen und versuchte, sich einigermaßen elegant von seiner zu eng gewordenen Unterhose zu befreien. »Du bist wirklich eine ernstzunehmende Gegnerin und somit eine hervorragende Bewerberin. Möchtest du mal meine Creme schmecken?«

Lisa schlug die Augen nieder und zählte im Stillen bis zehn. Dann griff sie nach dem Löffel, der oberhalb des Tellers quer lag, und sagte, sie freue sich auf das Dessert.

Jürgen stellte die Teller klirrend auf der Arbeitsplatte ab. Lisa hatte ihr Handy gezückt und machte ein Foto, wie Jürgen zwei Teller hereinbalancierte, auf denen zwei Nocken einer Mousse in einem Fruchtspiegel lagen.

»Ein würdiger Abschluss dieses Essens«, lobte Lisa. Sie schmeckte genau hin, bevor sie ihr Urteil fällte. »Es schmeckt angenehm nach Mandel, aber auch nach Butter. Du hast dich für die Königin der Nüsse entschieden. Macadamia wird nicht oft verwendet. Sehr ausgefeilt.«

Statt sich zu freuen, warf Jürgen die Serviette auf seinen halbvollen Teller.

»Und jetzt?«, fragte er mit einer Mischung aus Ärger und Enttäuschung.

»Ich schlage vor, wir lassen es so, wie es ist. Alternativ kannst du dich wieder anziehen. Aber du hast ja noch eine Chance bei meinem Dessert.«

Jürgen knurrte etwas Unverständliches, ihm war die Lust auf den Abend wohl abhandengekommen. Er schien es gewohnt zu sein, dass die Frauen schon längst nackt vor ihm saßen und er sich daran weiden konnte, wie sie entweder vor ihm posierten oder litten, weil sie die Stelle nicht aufs Spiel setzen wollten.

»Noch ein letzter Gang, der über den Sieg entscheidet«, sagte Lisa und lief leichtfüßig in die Küche.

Als sie den Teller vor Jürgen stellte, würdigte sie ihn keines Blickes, sondern setzte sich ihm gegenüber und versenkte ihren Löffel in dem Panna Cotta, das sie in Gläsern mitgebracht hatte. Hauchfeine Karamellgebilde steckten am Rand des Glases. Jürgen knabberte daran, bevor er hastig das Dessert verschlang.

»Vanille und Waldmeister«, sagte er siegessicher und lächelte.

»Sicher?«

»Sicher.«

Lisas Handy vibrierte, sie warf einen flüchtigen Blick darauf und erhob sich.

»Es ist Tonkabohne, die beide Geschmäcker vereint.« Dabei ging sie rückwärts auf die Wohnungstür zu, die sie schwungvoll öffnete. Vor der Tür standen die beiden Kolleginnen, mit denen sie gestern Abend noch kurz gesprochen hatte, sowie der Chefredakteur der Abteilung *Essen und Trinken*.

»Es ist also tatsächlich wahr«, sagte dieser und warf Jürgen eine Jacke zu, die er wahllos von der Garderobe gegriffen hatte. »Es gab mehrere Beschwerden, aber keine der Damen wollte richtig damit rausrücken, warum sie die Bewerbung zurückgezogen hatten beziehungsweise nach wenigen Tagen kündigten. Du gibst dich tatsächlich als Abteilungsleiter aus, als der Mann, der über die Einstellungen der Mitarbeiter entscheidet? Danke, Frau Weber, für die Fotos, die lassen keinen Zweifel zu. Es gibt also eine klare Siegerin des Abends und einen zweifelsfreien Verlierer. Auf gute Zusammenarbeit.«

Dabei griff er ein Sektglas mit dem inzwischen warm gewordenen Crémant und prostete Lisa zu, bevor er das Glas in einem Zug leerte.

Schokoladen-Espresso-Panna-Cotta mit Schokoladen-Amaretto-Soße

Zutaten:

2 Blatt Gelatine

100 g 70 %-Schokolade (z.B. Lindt Excellence)

200 ml Sahne

2 TL lösliches Espressopulver

50 g Puderzucker

etwas Salz

50 ml Milch

1 EL Vanillinzucker

Saft von ½ Orange

2 EL Amaretto

ca. 20 g zerbröselte Amaretti

Zubereitung:

Gelatine 5 Min. in kaltem Wasser einweichen. Schokolade klein hacken. Sahne mit Espressopulver, Puderzucker und einer kleinen Prise Salz in einem Topf verrühren und 1 Min. bei mittlerer Hitze köcheln lassen. Topf vom Herd ziehen. Gelatine ausdrücken, mit der Hälfte der klein gehackten Schokolade in die heiße Sahne-Mischung geben und darin unter Rühren schmelzen. Creme in Portionsförmchen füllen und für ca. 4 Stunden in den Kühlschrank stellen.

Für die Soße Milch mit Vanillinzucker und Orangensaft aufkochen. Topf vom Herd ziehen, restliche Schokolade nach und nach unter die Flüssigkeit rühren und darin schmelzen. Soße mit Amaretto aromatisieren.

Förmchen kurz in heißes Wasser tauchen, Panna Cotta auf Teller stürzen. Die noch lauwarme Soße darüber gießen und mit zerbröselten Amaretti bestreut servieren.

EroTisch

»Erinnerst du dich noch daran, wie du den Krankenwagen rufen musstest, nachdem ich mir deine ›Malutensilien‹ angesehen hatte?«, sagte Julian und lachte Daria an.

»*Angesehen* ist da wohl nicht das richtige Wort, du hast alles angefasst und probiert«, erwiderte Daria lachend. »Du wolltest danach nie wieder etwas bei mir essen. Wie gut, dass du deine Meinung geändert hast. Mach mal den Sekt auf, danach gibt es die erste Vorspeise.«

Julian löste den festsitzenden Korken mit dem Saum seines Poloshirts, das locker über den Hosenbund hing, seine Füße steckten in bunten Socken, die Schuhe standen neben dem schwarzen Ledersofa. Er füllte zwei Sektflöten, die Schale mit Erdnüssen blieb unangetastet.

»Du traust mir nicht?«, fragte Daria und kuschelte sich an Julian. Sie steckte sich eine Erdnuss in den Mund und küsste ihn, wobei sie die Nuss von ihrem Mund in seinen schob.

»Du siehst, alles völlig ungefährlich«, lachte sie. »Ich wollte dich um Unterstützung für ein neues Malprojekt bitten, bist du bereit?« Sie stieß ihr Glas gegen Julians und blickte ihn erwartungsvoll an, während sie an dem Sekt nippte.

Julians Stirn warf Falten. Vor einem halben Jahr war er zum ersten Mal in ihrem Atelier gewesen. Seitdem waren sie zusammen, aber seine Spontanität hatte einen Dämpfer erhalten.

»Verrätst du mir, was es ist?«

Daria schüttelte geheimnisvoll den Kopf. »Vielleicht kommst du selbst darauf. Aber sei sicher, es ist völlig ungefährlich. Hast du Hunger?«

Julian zögerte noch, als sein Magen knurrte. Leugnen wäre zwecklos gewesen. Er vermied es noch immer, bei Daria etwas zu essen, seit er wusste, auf wie viele Dinge er in ihrer Wohnung allergisch reagiert hatte.

»Komm mit ins Atelier, ich habe da mal was vorbereitet«, forderte Daria ihn auf. Ihr kurzes, sonnengelbes Kleid umspielte ihre gebräunten Beine, als sie vor ihm in den lichtdurchfluteten Raum ging. Der Tisch, der damals voller Tomaten gewesen war, war jetzt mit einem roten Seidentuch bedeckt, schlichtes weißes Geschirr und Besteck waren für ein Mehr-Gang-Menü arrangiert.

Julian sah sich um, während Daria in die Küche eilte, um die Vorspeise zu holen. Es hingen die gleichen, sehr realistischen Essensbilder an den Wänden, die schon bei seinem ersten Besuch dort gehangen hatten. Er blickte auf die Rückseite einer Staffelei. Als er aufstehen wollte, kam Daria gerade zur Tür herein.

»Voilà«, sagte sie und stellte zwei Teller auf den Tisch.

»Meine Bereitschaft zu Überraschungen ist etwas eingeschränkt, ich wüsste gerne, was du mir vorsetzt«, sagte Julian vorsichtig und setzte sich Daria gegenüber.

Daria erklärte ihm, es sei eine Avocado-Terrine mit Garnelen und Granatapfelkernen.

Julian lachte. »Ich habe neulich gelesen, dass Avocado ›Hoden‹ heißt, wusstest du das?«

Daria sah ihn schmunzelnd an. »Du weißt ja, dass ich

mir alles in Bildern vorstelle, mir fehlt bei bloßen Worten die Fantasie. Ich müsste das wohl real vor mir sehen.«

Auch Julian musste schmunzeln. »Aber diese cremige Masse hat jetzt nur bedingt Ähnlichkeit mit meinem Gemächt.«

Daria stand auf, und Julian vermutete, dass sie in die Küche ginge, um eine übriggebliebene Avocado zu holen, aber sie nahm eines ihrer Bilder, auf dem sie unter anderem eine der grün-braunen, schrumpeligen Früchte gemalt hatte, und lehnte es an die Wand neben Julian.

»Ich sehe mir das mal eine Weile an und lasse meine Fantasie spielen. Und dann ziehe ich einen Vergleich. Aber lass es dir erst schmecken. Das andere waren Garnelenschwänze, aber da muss ich keinen Größenvergleich anstellen, den gewinnst du zweifelsfrei.«

Julian sah an sich herab und lächelte siegesgewiss.

Daria lutschte an den Garnelenstücken, bis sie zwischen ihren roten Lippen verschwanden. Es schmeckte köstlich, aber Julian aß eher mit Hast, als mit Genuss.

»Lass dir Zeit, es schmeckt viel besser, wenn du in Ruhe hinschmeckst«, versicherte Daria.

Julian versuchte, sich zu konzentrieren, aber sein Blick wanderte unstet zwischen Daria, dem Bild, seinem Teller und seinem Schoß hin und her.

Als Darias Teller leer war, stand sie auf und ging mit tänzelnden Schritten um den Tisch herum zu Julian. Sie sog mit ihren Lippen einen Baguettekrümel aus Julians Mundwinkel und verharrte dort.

»Den möchte ich wieder haben«, sagte Julian und suchte mit seiner Zunge nach dem Krümel in Darias Mund. Darias Hände wanderten an seiner Brust hinab zu seinem Gürtel und lösten die Schnalle. Sobald Daria den Knopf löste, sprang die Hose unter Druck auf, sodass der Reißverschluss von alleine aufglitt. Daria blickte über Julians Schulter auf das Bild an der Wand.

»So, die Avocado habe ich jetzt vor Augen, aber mir fehlt noch immer der Vergleich«, sagte sie schmunzelnd. Julian hob sein Becken an und half ihr, ihn aus seiner Hose zu schälen. Daria zog seine Unterhose herunter, was nicht einfach war, da sie sich bei ihren liebkosenden Berührungen schnell gefüllt hatte.

Dann legte Daria den Kopf schief und verglich. Sie griff Julian abschätzend zwischen die Beine und fühlte. »Größe und Gewicht stimmen nicht ganz, aber ich hatte auch nicht in Originalgröße gemalt.«

Ihre Hände waren kalt, und Julian erschauerte. Julian setzte sich wieder und zog Daria auf seinen Schoß. Die Stühle waren mit Kunstleder bezogen, das sich unter seinen nackten Pobacken kalt und klebrig anfühlte.

Daria ergriff ihr Sektglas und schluckte genüsslich.

»Granatapfelkerne sensibilisieren vor allem die weibliche Vulva. Sie soll fast so rot werden, wie die Kerne selbst«, sagte sie und löffelte aus einem separaten Schälchen einige Kerne in beide Sektflöten.

»Das glaube ich auch erst, wenn ich es gesehen habe«, erwiderte Julian. Er schob Darias Kleid bis zu ihrer Hüfte hoch und schaute entrüstet auf den zierlichen Spitzen-Slip.

»Für die Temperaturen hast du viel zu viel an«, sagte er und wollte den Slip herabziehen, aber Daria stand auf und tänzelte vor ihm, sodass er weder ihr Kleid noch ihren Slip zu fassen bekam. Er stand auf, schnappte sie an der Taille und zog sie an sich. Ein langer, sehnsüchtiger Kuss ließ ihre ausweichenden Bewegungen verstummen. Daria schmiegte sich an Julian, der auf ihrem Rücken nach einem Reißverschluss tastete, aber das Kleid ließ sich auch so mühelos über ihren Kopf ziehen. Allerdings musste Julian die Umarmung dafür lockern und seine Lippen von Darias vollen Lippen lösen. Seine Hände fuhren an Darias Seiten entlang und verharrten an ihren prallen Brüsten.

»Erst das Essen, dann das Vergnügen«, sagte Daria und versuchte, sich Julian zu entwenden, bevor er ihren Slip hinunterziehen und sich erneut an sie drücken konnte. Ihre Brustwarzen zeichneten sich fest unter dem dünnen Spitzen-Stoff ihres BH ab, aber bevor Julians Lippen danach schnappen konnten, hatte sich Daria aus der Umarmung gewunden und lief in die Küche. Julian sah ihrem festen Po nach, der zum Teil von ihrem Slip verdeckt war.

»Wie soll ich da feststellen, ob die Granatäpfel wirken?«, rief er gespielt entrüstet.

Nur Darias Kopf erschien im Türrahmen, ihren Körper verbarg sie vor Julians Blicken.

»Ich glaube nicht, dass sie so schnellwirksam sind. Lass uns ihre Nachhaltigkeit testen. Bist du in der Zwischenzeit bereit für eine einheizende Suppe?«, fragte Daria.

»Ich bin zu allem bereit«, gestand Julian. »Solange du dafür nicht in der Küche verschwinden musst, sondern ich dich immer im Blick habe.«

Daria versprach, sie habe schon alles vorbereitet, es ginge sehr schnell. Julian wollte die Teller in die Küche tragen, aber Daria bat, er solle sich rundum verwöhnen lassen.

»Manchmal dauert es einfach zu lange, bis Liebe durch den Magen gegangen ist«, rief Julian bedauernd und blickte Daria sehnsüchtig hinterher. Er sprang unrastig auf und ging zu der Staffelei, die er bislang nur von hinten sehen konnte. Bevor er die darauf stehende Leinwand betrachten konnte, stand Daria schon wieder in der Tür, zwei Suppenteller vor sich balancierend.

»Ich hoffe, es sind nicht zu viele Garnelen für dich, aber ich habe die Packung nicht in meinem Gefrierfach unterbringen können und musste die restlichen Garnelen daher auch verbrauchen.«

Julian musste über Darias zerknirschtes Gesicht lachen.

»Oh nein, ich kann mit einem solchen Überfluss an Luxus nicht umgehen, was soll ich bloß machen?«, rief er gespielt unglücklich aus.

Daria stellte den Teller auf Julians Platz, der ihre Hüfte umschlossen hatte und seine Hand unter ihren Slip gleiten ließ.

»Vorsicht, sehr heiß«, warnte sie.

»Die Suppe oder du?«

»Teste selbst, aber verbrenn dich nicht!«

Ein eiförmiger Klecks Sahne mit grünen Kräutern in der Tellermitte schmolz schon von der Wärme der Suppe und vermischte sich mit der intensiv duftenden Brühe.

Julian streifte sein Poloshirt ab und legte es auf den zwar nicht mehr kalten, aber ihm unangenehmen Stuhl und setzte sich, wobei er den Blick fest auf Daria geheftet hatte.

»Ich finde, ein Liebesleben sollte wie eine feine Mischung aus kalten und warmen Vorspeisen sein, aus üppigen Hauptmahlzeiten und reichhaltigen Desserts«, sagte Daria.

Julian hatte die heiße Suppe gekostet und griff nach der Wasserflasche, um Daria und sich einzugießen und seinen Gaumen zu kühlen.

»Ich finde es gar nicht schlecht, auch mal Fast food zu mir zu nehmen«, gestand er und blies mit spitzen Lippen die Suppe auf seinem Löffel kühl.

»Soll ich blasen?«, fragte Daria, stand auf und beugte sich über den Tisch, um Julians Suppe anzuhauchen. Ihre Brüste hingen zum Greifen nah vor Julians Gesicht, aber er beherrschte sich, sie in seine Hände zu nehmen und zu drücken.

Julian seufzte schwer. Er musste sichtlich den Drang unterdrücken, aufzuspringen.

»Nicht nur das Essen sollte für alle Sinne sein. Man kann es auf der Zunge zergehen lassen, es aber auch mit den Augen und der Nase genießen. Man muss genau hin schmecken, Liebe kann süß oder salzig sein, aber sie sollte weder sauer noch bitter schmecken«, philosophierte Daria.

»Wichtig ist aber, dass alles nicht nur appetitlich angerichtet ist, sondern der Hunger auch gestillt wird«, sagte

Julian sehnsüchtig.

Daria musste lachen und tropfte sich dabei von der inzwischen abgekühlten Suppe auf ihren weißen Spitzen-BH. Sofort sprang Julian auf und leckte die Suppe aus dem feinen Gewebe. Dann löste er geschickt den Verschluss in Darias Rücken und empfahl ihr, das Kleidungsstück zu schonen und keinen weiteren Spritzern auszusetzen.

»Ich muss in die Küche, der Hauptgang braucht mich«, entwand Daria sich Julians Griff.

»Ich brauche dich viel mehr als irgendein Hauptgang dich je brauchen kann«, versicherte Julian.

»Vergiss nicht, Liebe besteht aus vielen köstlichen Häppchen. Als Mehr-Gang-Menü ist sie zweifelsfrei köstlicher als auf die Schnelle.«

»Na ja, einen Happen im Stehen ...«, wünschte sich Julian, aber Daria entglitt seinen Händen.

»Ich glaube, ich habe schon keinen Hunger mehr. Müssen wir weiter essen?«, fragte Julian und musterte Darias feste Brüste.

»Die fleischlichen Genüsse kommen doch erst noch«, versprach Daria und eilte leichtfüßig in die Küche, wobei ihre Brüste im Takt ihrer Füße wippten.

Als Daria wenig später zurückkam, hatte Julian den Tisch neu arrangiert. Statt gegenüber saßen sie jetzt an der langen Tischseite nebeneinander. Er hatte die Stühle ganz eng zusammen gestellt und ein gemeinsames Sektglas mit Sekt und Granatapfelkernen gefüllt.

Sie stellte Kalbsleber mit Püree vor Julian, der sich schmachtend über die Lippen leckte.

»Du ahnst gar nicht, welche Lust ich auf Innereien habe«, sagte er und steckte den Zeigefinger in den Püree, wo Daria die weiße Masse genüsslich ablutschte.

Julian schnitt seine Fleischportion in kleine Stücke und legte anschließend sein Messer beiseite. »Manchmal ist Geschnetzeltes einfach praktischer, da bleibt einem eine Hand für alles, was man sonst noch so bei Tisch tun kann«, sagte er und legte seine Hand in Darias Schoß. Daria schlug geziert die Beine übereinander.

»Ich brauche dich noch so, wie du bist. Ich hatte doch ein neues Projekt erwähnt«, deutete Daria an, weigerte sich aber, näheres zu erzählen.

Julian hatte inzwischen Wein eingegossen und hielt Darias Glas so, dass ihr der Wein direkt in den offenen Mund rann.

»Der ist gut, spritzig im Abgang«, sagte Daria und leckte sich über die Lippen. Zwei Tropfen waren auf ihre Brust gespritzt, die Julian mit einem Stöhnen von ihrer warmen Haut leckte und dabei mit der Zunge ihre Brustwarzen umspielte.

Daria seufzte und hob eine Hand, um Julians Liebkosungen zu erwidern, zögerte dann aber.

Julian schob seinen Teller zur Seite. »Es ist nicht so, dass es mir nicht schmecken würde, aber wie soll ich mich mit vollem Bauch auf dein geheimnisvolles Projekt konzentrieren können? Mir fielen jetzt noch bessere Sachen als Essen ein. Außerdem bist du mir noch eine Antwort schuldig.«

Er hob Daria mühelos von ihrem Stuhl und setzte sie

auf die Kopfseite des Tisches. Sie streckte die Beine aus, und Julian konnte endlich ihren Slip herunterziehen. Er spreizte sanft ihre Beine und nickte zufrieden.

»Granatapfelkerne scheinen tatsächlich zu wirken«, sagte Julian und reichte Daria abermals ihr Sektglas, in das er eine weitere Portion Granatapfelkerne löffelte.

»Ein vornehmes Mehr-Gänge-Menü hat durchaus seinen Charme, aber wird da nicht auch zwischendurch Fingerfood gereicht?«, fragte Julian gierig und versuchte, seine Finger zwischen Darias Beinen zu versenken.

»Fingerfood gibt es aber eher am Stehtisch, auf der langen Tafel geht es gediegener zu«, stellte Daria in Aussicht. »Aber du weißt noch immer nicht, was mein Projekt ist.«

Daria ließ sich vom Tisch gleiten, bemüht, die Tischdecke nicht herunterzureißen. Sie zog Julian mit zu ihrer Staffelei. Dort waren die Konturen des roten Kanapees bereits auf der Leinwand gezeichnet

»Ich brauche ein Live-Model für eine Aktmalerei in mehreren Stadien.« Sie wies hinter sich auf ein Stativ, auf dem ihre Kamera auf das Kanapee ausgerichtet war. Vom Tisch aus war die Kamera von der Leinwand verdeckt worden.

»Du möchtest also malen, während ich – was soll ich dabei tun?«

Daria schmunzelte und zeichnete mit dem Finger Julians Rippen nach.

»Du sollst eine Weile mal gar nichts tun, dich nur auf das Sofa legen, sodass ich dich grob skizzieren kann.«

»Darf ich mich also nicht bewegen?«, fragte Julian.

»Doch, den Mund darfst du bewegen. Du darfst mir erzählen, wie du dir die weiteren Schritte vorstellst. Dann schalte ich die Kamera ein und nehme auf, was auf dem Kanapee so passiert – und male es dann nach und nach.«

Julian lächelte und eilte zurück zum Tisch. Er stellte die Teller einfach nur auf den Boden, ließ den silbernen Kerzenleuchter und die Sektflöten sowie die Granatapfelkerne stehen und schwang sich auf die Tischplatte.

»Auf dem Sofa kann ja jeder. Darf ich vorstellen, das ist ein *eroTisch*«, sagte er. »Wie möchtest du mich, auf dem Rücken oder auf der Seite? Du bist dann nachher der beste Nachtisch, den ich haben kann. Und dann nehme ich noch einen Kaffee unmittelbar danach, zusammen mit einem Croissant zum Frühstück«, stellte Julian in Aussicht und stützte seinen Kopf auf die eine Hand, während die andere locker zwischen seinen Beinen lag.

Daria arrangierte die Kamera um und ging mit wiegenden Schritten auf Julian zu.

»Ich denke, ich zeichne den Rest des Abends zur Inspiration schon mal auf, aber vielleicht reicht das Abendlicht im Atelier auch gar nicht mehr aus und wir müssen das mehrfach wiederholen, bis die Bedingungen ideal sind«, schlug Daria vor und schmiegte sich an Julians nackte Haut.

Früchte

Granatäpfel werden auch *Apfel der Aphrodite* genannt. Vermutlich war dies der Apfel, der schon Adam im Paradies zum Verhängnis geworden ist. Granatäpfel erhöhen die Produktion von Testosteron. Das darin enthaltene Piperidin, ein pflanzliches Östrogen, steigert den Blutfluss und sensibilisiert vor allem die weiblichen Genitalien. Bei uns gibt es die Sitte, Brautpaare mit Reis zu bewerfen, um ihnen einen großen Kindersegen zu wünschen, im Süden werden Brautpaare mit Granatapfelkernen beworfen.

Feigen enthalten viel Zucker und Eisen und sind daher energiespendend, aber sie liefern auch Phosphor, Calcium zur Regulierung der Testosteronproduktion sowie Flavonoide und Antioxidantien. Das italienische Wort *Fica* entspricht dem deutschen Wort *Möse*.

Die Ballaststoffe in **Heidelbeeren** binden Cholesterin, verbessern dadurch den Blutfluss und schützen vor Erektionsstörungen.

Bei erotischen Lebensmitteln kommt man nicht spontan auf **Wassermelonen**. Das darin enthaltene Citrullin ist ein Vorprodukt von L-Arginin und fördert die Produktion von Stickoxid, sodass sich die Blutgefäße entspannen.

Kopfschmerzen oder Migräne sind eine häufige Ausrede, wenn Frauen keine Lust auf Sex haben. Studien haben jedoch bestätigt, dass Sex Kopfschmerz und Migräne lindert, vor allem übrigens bei Männern. Hier gelten Ablenkung und Endorphine als Grund. Wem die Gelegenheit zum Sex fehlt, kann stattdessen 250g **Erdbeeren** oder 10 **Kirschen** essen, deren Wirkung ähnlich wie Salicylsäure schmerzlindernd sind.

Zum guten Schluss

Die Zahl derer, die auf die Zigarette danach stehen, wird immer geringer, aber viele freuen sich auf einen Kaffee, häufig als Espresso, dazu vielleicht ein Stückchen Schokolade. Beide enthalten Phenylethylamin. Das weitet die Blutgefäße, regt die Durchblutung und den Kreislauf an und sorgt für eine Ausschüttung des Hormons Serotonin, das als Stimmungsaufheller eine positive Wirkung hat. Zugleich sorgt Phenylethylamin dafür, dass die Spermien beweglicher und schneller sind und die Erektion nicht zu wünschen übrig lässt.

Kaffee

Um den Körper nicht an Kaffee zu gewöhnen, sollte jedoch nicht mehr als 1-2 Tassen wöchentlich getrunken werden.

Schokolade

Eine Menge von 45 g Bitterschokolade täglich sind durchaus förderlich für ein gutes Sexualleben, sofern man dabei im Blick hat, dass auch eine gute Figur und eine gewichtsabhängige Beweglichkeit für die Attraktivität durchaus förderlich sind.

Müsli

Wer vorausschauend plant, denkt schon an den nächsten Morgen. Ein gutes Müsli zum Frühstück enthält Thiamin und Riboflavin, die mehr Energie und ein gesundes Nervensystem hervorbringen. Für einen guten Start in den Tag, in jeder Hinsicht.

Lust oder Luxus?

Aphrodisiaka wirken nicht nur aufgrund ihrer Inhaltsstoffe. In vielen Fällen spielt auch die Exklusivität der Zutaten eine Rolle.

Luxuszutaten essen wir sehr bewusst. Der Geschmack ist uns nicht so vertraut, wir schmecken genauer hin, nehmen uns Zeit. Wer isst schon Kaviar von Papptellern? Der Tisch – alternativ das Bett-Tablett oder die Picknickdecke – wird also schön gedeckt, das Auge isst ja bekanntlich mit. Die Seltenheit und der objektiv oder für den Verzehrenden subjektiv hohe Preis lassen uns Luxusdinge mehr genießen. Sie sind unbekannt, kamen uns bis dahin vielleicht unerreichbar vor, sind mit Träumen oder Fernweh verbunden.

Diese Momente, in denen wir Luxus genießen, bleiben uns besonders in Erinnerung. Wir erinnern uns anschließend nicht nur an den Geschmack, sondern auch viel intensiver an den Geruch, die Geräusche, die Wärme auf unserer Haut, die Gesamtsituation. Daher sollten Sie ein Liebesmenü zu etwas Besonderem machen, auch wenn man in der richtigen Stimmung ebenso lustvoll Currywurst mit Pommes frites essen kann.

Gibt es auch Lustkiller?

Bei vielen zuvor genannten Zutaten kann man sagen, ein Mangel an Inhaltsstoffen wie beispielsweise Vitaminen führt zu einer geringeren Libido, einer schlechteren Erektion oder qualitativ schlechteren Spermien. Aber auch die Menge der Speisen ist natürlich von Bedeutung. Fett, Süßes, Alkohol, aber auch mangelnde Bewegung führen zu Übergewicht. Das mindert nicht nur die äußere Attraktivität, sondern kann auch zu Arteriosklerose führen, Ablagerungen in Adern, auch Verkalkung genannt. Das ist nicht nur eine häufige Ursache für Herz-Kreislauf-Erkrankungen, sondern führt auch zu einer schlechten Durchblutung des Penis und somit einer erektilen Dysfunktion.

Transfette, wie sie für Schokolade oder Backwaren benutzt werden, aber auch das Menthol der Minze reduzieren die Bildung von Testosteron.

Stark verarbeitete Lebensmittel, wie sie in Fast food vorkommen, können bei regelmäßigem Verzehr die Zinkaufnahme verhindern und somit die Testosteronbildung unterbinden. Außerdem enthalten sie häufig hohe Mengen an Salz, was zu Erektionsstörungen führen kann.

Sojaprodukte, aber auch Lakritz enthalten pflanzliche Östrogene, sogenannte Phytoöstrogene. Sie senken den Testosteronspiegel bei Männern und fördern stattdessen eine Verweiblichung.

Bei Alkohol sollte man bedenken, nicht mehr als 0,5g Alkohol pro Kilo Körpergewicht zu sich zu nehmen. Wer zu stark alkoholisiert ist, muss stärker stimuliert werden, um Lust zu empfinden, Männer können vorübergehend oder dauerhaft die Erektionsfähigkeit verlieren.

Spargel ist zwar ein hervorragendes Aphrodisiakum, schon aufgrund seines Aussehens, aber man sollte bedenken, dass Spargel harntreibend ist und bei vielen Menschen zu unangenehm riechenden Ausdünstungen führt. Ähnliches gilt für Knoblauch, bei dem man die lustfördernde Wirkung und die auf Distanz bringenden Gerüche abwägen muss.

Gibt es eine einfache Formel für Aphrodisiaka?

In Europa haben die Südländer den Ruf der feurigen Liebhaber. Wirft man einen Blick auf ihren Speiseplan und betrachtet die zuvor erläuterten Zutaten, dann weiß man, dass es nicht nur an der Glut der Sonne liegt. Die mediterrane Küche ist bekannt für gesunde Fette aus Nüssen und Olivenöl, viel Gemüse und Obst sowie Fisch und Schalentiere, aber auch Rotwein und Espresso. Sie alle helfen, den Blutfluss in Gang zu halten, Testosteron auszuschütten und Erektionen zu erleichtern.

Lässt der Frühling die Säfte sprießen?

Es kommen einige Faktoren zusammen, die den Eindruck von Frühlingsgefühlen aufkommen lassen. Wesentlich ist dabei weniger der Kalender, als vor allem das zunehmende Licht. Der Körper bildet weniger schlafförderndes Melatonin, sondern schüttet stattdessen das Glückshormon Serotonin aus. Außerdem bildet der Körper mehr Dopamin und Noradrenalin, die Pulsfrequenz steigt, wir werden agiler.

Das Sonnenlicht führt zur Synthese von Vitamin D, das somit eher ein Hormon als ein Vitamin ist. Die höheren Temperaturen sorgen dafür, dass wir weniger einengende Kleidung tragen. Das fühlt sich nicht nur besser an, es kommen auch optische Reize hinzu, wenn weniger und körperbetontere Kleidung sowie hellere Farben mehr Akzente setzen, echte Hingucker, die die Lust steigern können.

Männer produzieren tatsächlich im Frühjahr und im Sommer mehr Testosteron, bei Frauen gibt es keinen jahreszeitlich bedingten Zyklus. Bis zur Einführung der Pille in den 1970er Jahren wurden mehr Menschen im Frühjahr geboren, die also im Wonnemonat Mai gezeugt worden waren.

Im Tierreich gibt es mehr Geburten im Frühjahr, weil die Überlebenschancen dann am höchsten sind.

Da kommt noch was

Ehrlich gesagt hatt' ich gehofft,
ich wäre jetzt allein.
Die Zutaten bewirken oft
ein ew'ges Raus und Rein –

also aus diesem Raum ins Séparée.
So schärft Vanille alle Sinne
und scharf macht Selleriepüree.
Genötigt durch die Fischterrine

geht niemand gern allein nach Haus.
Egal, ob Würzung oder Zink
der Körper nimmt es sich heraus,
was in dem Essen oder Drink

nicht nur die Fantasie anregt,
sondern sprießen lässt
und sichtlich auch bewegt
- Ihr Kopf denkt schon den Rest.

Natürlich muss man nicht ins Bett,
man kann auch in der Küche
oder auf dem Festbankett,
im Bann erregender Gerüche,

mit nichts am Leib als einer Schürze,
ein Petersilienstück im Mund ...
das gibt dem Leben wieder Würze.
Sie werden sehen, es geht rund.

Ich trage keine Garantie,
dass es auch funktioniert,
doch leck'rer haben Sie noch nie
es wenigstens probiert.

Bedenken Sie, wem Sie dies kochen.
Auch Schwiegermutter oder Sohn
geht das Gefühl durch alle Knochen,
jedoch - wer will das schon?

Man muss es nicht gleich übertreiben,
entscheiden Sie sich mit Bedacht.
Die Frau soll bis zum Frühstück bleiben.
Ich wünsche eine gute Nacht.

Die Autoren

Moni Reinsch, geb. 1968 in Trier, schreibt gemeinsam mit ihrem Sohn Simon (25) Regionalkrimis und kriminelle Kurzgeschichten, sehr gerne zu aktuellen Themen, aber auch zu historischen Figuren oder Wein. Aktuell arbeitet sie an ihrem fünften Kriminalroman und hat in verschiedenen Anthologien veröffentlicht. Außerdem schreibt sie gerade an einem Roman und einem Drehbuch.

Derzeit bietet sie literarische Kochkurse sowie Lesungen in Restaurants mit dem Menü mit tödlichen Zutaten aus der Giftküche sowie mit dem Menü mit erotischen Zutaten aus der Liebesküche an. Wenn sie nicht schreibt oder vorliest, verreist mit ihrem Mann oder kocht und isst leidenschaftlich gerne. Termine unter www.reinschrift.eu.

Hildegard Scholtes ist Hauswirtschaftsmeisterin. Sie arbeitete siebzehn Jahre selbstständig, war Kantinenpächterin im Finanzamt Trier und in der LBB.

Seit über 25 Jahren bietet sie mit großem Erfolg Kochkurse an, meist bei der Katholischen Familienbildungsstätte in Trier, www.fbs-trier.de.

Dank

Ich danke meinem Mann Marcus für seine stete Unterstützung. Wir wissen seit 35 Jahren, dass Liebe und Essen eng zusammen gehören.

Ganz besonders danke ich Hildegard Scholtes, die mich auf die Idee zu diesen Menü-Büchern gebracht hat und mich immer wieder beim Schreiben berät. Die gemeinsamen Kochkurse, in denen Hildegard Scholtes die Rezepte anleitet und ich Geschichten und Fakten erzählen darf, sind immer wieder ein – auch kulinarisches – Vergnügen.

Außer den beiden haben auch Anne und Lukas die Geschichten testgelesen und ihren Senf dazugegeben. Vielen Dank für Euren Rat!

Wer es ganz genau wissen will

- https://www.arginin.de/arginin-4-0/arginin-und-stickstoff/
- https://www.berlin.de/special/gesundheit-und-beauty/gesundheit/psychologie/1127964-2260865-fruehlingsgefuehle-woher-sie-kommen-was-.html
- http://www.bravo.de/sex-diese-lebensmittel-sind-echte-lustkiller-367761.html
- https://www.brigitte.de/gesund/ernaehrung/sexy-food--diese-lebensmittel-helfen-eurem-sex-auf-die-spruenge-10135866.html
- https://www.cosmopolitan.de/essen-gegen-erektionsprobleme-38247.html
- https://www.focus.de/gesundheit/ratgeber/maenner/news/tid-25220/erektionsstoerungen-die-11-haeufigsten-ursachen-die-wichtigsten-hilfen-gegen-erektionsprobleme_aid_721908.html
- https://www.freenet.de/lifestyle/maenner/die-sexdiaet_1203652_4743240.html
- https://gesundheitstrends.netdoktor.at/a/ernahrung/warum-sie-keinen-koriander-moegen-9163
- https://www.gq-magazin.de/leben-als-mann/features/50-dinge-ueber-sex-aphrodisiaka
- http://www.hoio.ch/index-id=1050.html
- https://www.jameda.de/gesundheit/ernaehrung-fitness/power-fuer-das-immunsystem-diese-lebensmittel-sind-besonders-reich-an-flavonoiden/
- https://www.jameda.de/gesundheit/maenner/erektionsstoerung-ernaehrung-tipps/

- http://www.jolie.de/sex/aphrodisiaka-1
- https://www.kilocoach.com/artikel/top-10-der-aphrodisierenden-lebensmittel
- https://www.kuechengoetter.de/aphrodisierende-lebensmittel
- https://www.netdoktor.at/sex/sex/sex-und-alkohol-5802
- https://www.petra.de/sex/galerie/aphrodisierende-lebensmittel
- https://pille-danach.de/bedside-stories/7-aphrodisierende-lebensmittel-dieses-essen-macht-euch-scharf-2876
- https://www.secret.de/magazin/sinnliche-welten/lebensmittel-die-aphrodisierend-wirken
- http://smartfoodfacts.de/lebensmittel-fuer-besseren-sex/
- http://www.spiegel.de/gesundheit/ernaehrung/fruehlingsgefuehle-entscheidend-ist-das-licht-nicht-die-waerme-a-890142.html
- https://www.vitamine.com/
- https://www.zentrum-der-gesundheit.de/spermien-qualitaet-verbessern-ia.html
- http://zinkmangel.behandeln.de/zink-in-lebensmitteln.html?gclid=Cj0KCQjwh7zWBRCiARIsAId9b4oYv84S1XqC1knqAY_SGs5GT0OCaHQvA1j7N1bXzGMGmvfVkiwFW_IaApo7EALw_wcB

Weitere Bücher von Moni Reinsch

Kriminalromane:

Feuer über der Mosel
KBV-Verlag, 2016
Tage der Gewalt in der ältesten Stadt Deutschlands
Trier hat in der Vergangenheit viel Schlimmes gesehen. Aber in der Gegenwart wüten erneut die Flammen der rechten Gewalt.

Moselruh
KBV-Verlag, 2015
Ein Mord gerät in Vergessenheit
Ein Toter im Demenzaltersheim am Moselufer in der Nähe von Mehring ist an sich nichts Ungewöhnliches. Alle waren dabei – aber niemand kann sich erinnern.

Tief im Hochwald
Emons-Verlag, 2013
Tief im Hochwald gibt es nicht nur den malerischen Ruwer-Hochwald-Radweg und den abwechslungsreichen Saar-Hunsrück-Steig, sondern auch einen Serienmörder, dessen Taten das verschlafene Dorf Hellersberg erschüttern.

Ratgeber:

Hochbegabt oder gescheit gescheitert
BoD, 2007, Sachbuch
Der Wegweiser im positiven Umgang mit hochbegabten Kindern. Das Standardwerk für Eltern, ErzieherInnen und Lehrkräfte.

Kurzgeschichten in folgenden Anthologien:

Im Visier: Nero
BoD, 2016
In kurzen Geschichten und Gedichten wird Neros Geist in der heutigen Zeit zum Leben erweckt.

Neronische Verse/ Ich kenne die Geschichte/ Vor Rom brannt' Trier/ Nerotik/ Der Petrusstab

Mittelmosel Bittersüß
Ammianus-Verlag, 2016
Eine literarische Auslese von Trier bis Traben-Trarbach

Deadline

Tatort Eifel 6
KBV-Verlag, 2017
Es könnte alles so beschaulich sein, wenn die Eifel nicht von KrimiautorInnen heimgesucht würde.
Dinner in the Dark

Tatort Eifel 5
KBV-Verlag, 2015
Unbestritten ist die Eifel Deutschlands Krimi-landschaft Nummer Eins.

Der Mensch ist dem Menschen ein Wolf

Mörderisches Moseltal
KBV-Verlag, 2014
Wasser, Wein und Blut – die Mosel und ihre fins-teren Geheimnisse

Moselochse am Spieß

Menü mit tödlichen Zutaten

REINSCHRIFT Edition, BoD, 2017
ISBN 978-3-744-89512-5
Taschenbuch 8,50 €
E-Book 5,99 €

Schmackhaftes, Literarisches und Wissenswertes aus der Giftküche

Völlig ungefährliche Zutaten können tödlich sein, wenn man sie verwechselt, in falscher Menge oder Darreichungsform zu sich nimmt.

Kochen Sie Ihr eigenes 4-Gang-Menü mit Aperitif, lesen Sie jeweils hierzu passende Krimis und Kurzgeschichten, und erfahren Sie, worauf Sie bei Kauf und Zubereitung achten sollten.